JN011493

「理念」

と聞いて、どんなイメージが浮かびますか？

「学校の教室に飾ってあるような、誰も見てない標語」
「社長が勝手に掲げた、役に立たないスローガン」
「よく知らないコンサルタントが作った、うわべだけの言葉」
「経営の神様みたいな人の、
十分な実績を伴った深い意味を含んだ言葉」

……そんなふうに、感じませんか？

この本でお伝えする「理念」は、
そういうものではありません。

誰かが密室で作るものではなく、
組織のメンバー全員で作る言葉です。

組織全体の「すべての行動の判断軸」となり、
「成果」に直結する力を持つ言葉こそが、理念です。

- 部下に指示しなくても自分で動くようになった
- コロナ禍で落ち込んだ売上がコロナ前以上になった
- 離職率が著しく低下した
- 事業承継に成功した
- 営業の成約率が上がった
- 文句ばかりのベテラン社員が一心不乱に後進を育成するようになった
- すぐキレる院長に笑顔が増えた
- 会議の生産性が上がった
- 組織内の対話が激増した

これらはすべて、小さな組織で実際に起こった「理念の成果」です。

そんな言葉は
どうやって作るのか。
どのようにして、
言葉が組織を変えていくのか。

その過程を、多くの実例とともにお伝えしていきます。

プロローグ

理念は「成果」に直結する。

HIROSHIMA never
gives up.
Basketball never
stops trying to
change the world.
What about you?

当時、プロバスケットボールＢ２リーグ西地区に属していた広島ドラゴンフライズは、チームの成績とともに企業としての業績も低迷していた。

知人の紹介で、元プロバスケットボール選手だった株式会社広島ドラゴンフライズの浦伸嘉（うらのぶよし）社長と出会ったのは２０１７年。バスケットボールに賭ける思い、広島に対する思いに圧倒されつつ、その話に惹き込まれた。

浦社長と3時間ぐらい話をするなかで、チームの状況や業績の概況を聞きながら、話題は自然にその再建プランへと移った。

浦社長には「理念をしっかり言葉にして、社内、そしてチームに伝えていきたい」という思いがあった。業績を改善するためには、社員一人ひとりが「**何のために仕事をするのか？**」を理解し、力を結集する必要があるという考えからだった。

しかし、それがなかなか賛同を得られない。チームの運営会社には、社長に加えてオーナーもいる。「理念などより、利益を上げるほうが大事だろう」それが当時のオーナーの言い分だった。

熱く話を続ける浦社長に呼応して私は、浦社長の思いを理念として表現する言葉を示した。その言葉に浦社長も言葉を足し、２人の言葉を重ね合わせるようにして完成したのが、この一文だ。

HIROSHIMA never gives up.
Basketball never stops
trying to change the world.
What about you?

ヒロシマは決してあきらめない。
バスケットボールは世界を変えることをあきらめない。
あなたはどうする？

原爆によって破壊された広島は、市民の力によって世界が驚く速さで復興を遂げた。その広島からドラゴンフライズは、バスケットボールを通じて観る人の心を動かし、それぞれが世界をより良い場所に変えることを後押しする。

それを、企業の、チームの理念として世の中に発信していく。

最後に「What about you?」と、メッセージを受け取った人々に問いかける言葉を、あえて入れた。その後、これがそのままドラゴンフライズのビジョンとして正式に掲げられることになった。

ビジョンが決まり、関係者や広島県のみなさんにどうやって伝えていくのかを練っていこう、という話になった。とはいえ、オーナーという関門がある。ビジョンは決めたものの、すぐに認められる可能性は薄い。私がコンサルティング契約を結ぶことも難しいだろうと思っていた。

それから数日、浦社長や事情を知る友人と相談を重ねている中で、一つのアイデアが湧き上がった。

私が資金を投じて、スポンサーになればいい。ただし、スポンサーになってお金を入れるだけではまったく面白くない。そこで私はこう提案した。

「私が、その思いそのものを社名にした会社をつくり、その会社でスポンサーをさせていただく、というのはどうでしょう？」

投資までして会社とチームに関わろうという私の覚悟をオーナーも認めてくれて、コンサルティング契約を結ぶことになった。

ギャンブルのように感じられるかもしれないが、私なりの計算があった。端的に言えば、広島ドラゴンフライズというチームに可能性を感じたのだ。

浦社長の思いに加え、本気で強くなろうとする意志のある選手たちがいたことも決断の理由の一つだった。ビジネス面でも、西日本経済圏を考えれば広島にお金が集まってくることは確信できた。

さらに、バスケットボールにスポンサリングの価値を感じた。バスケットボールの競技人口は世界トップクラスであり、女子が競技するチームスポーツの中では人口規模が最大だ。加えてアリーナビジネスで会場が狭く、野球やサッカーとは違った広告効果が期待でき、中小企業でも無理なくスポンサードできる。

さっそく私は「HIROSHIMA never gives up.Basketball never stops trying to change the world.What about you 株式会社」を設立し、その年のドラゴンフライズのユニ

フォームの右ひざに文言をプリントした。それが冒頭の写真である。

上下逆さまにしてプリントした。プレイヤーが試合中に苦しいときやあきらめそうになって膝に手をついたときに、それを見て気持ちを奮い立たせてほしかったからだ。

一方、クラブの社員たちには全員参加のミーティングを重ね、バリュー策定に取り組んでもらった。

バリュー策定とは「**仕事で大切にしている思いや行動**」**を言葉にしてまとめていくこと**だ。社員は例外なく広島が好きで、ドラゴンフライズ愛が強い。そんな思いが高じて、ああでもないこうでもない、という話し合いは4カ月にも及んだ。それだけに完成したときの感激は大きかった。「私たちはこういう思いで、このクラブの運営をしていきたい」と一体感が生まれた。

そのバリューは「クレドカード」に記し、社員に携帯してもらった。さらに浸透させていくためのバリューディスカッションを実施し、クレドと紐づいた営業のトークスクリプトをつくるなど、共同作業を続けた。

このようなプロセスを経て、新しいシーズンが始まると、最初の試合の前に場内アナウンスでスポンサー企業の名前が読み上げられた。

「HIROSHIMA never gives up.Basketball never stops trying to change the world. What about you　株式会社様」

これを聞いて客席がザワついたことを今でも覚えている。やたらと長い妙な名前の会社だなと、誰だって思うだろう。

このアナウンスが試合ごとに繰り返され、興味を持った他のスポンサー企業の方から声をかけられるようになり、少しずつ知名度が上がった。この会社の名前が知られるようになるということは、すなわち組織のビジョンが伝わることなのだ。

そして、そのクレドカードは最強の「営業ツール」になった。スポンサー営業の際、クレドカードを通してビジョンやバリューを伝えることが、そのままチームの魅力と社員の思いを伝えることになったからだ。自分たち全員で作成したクレドカードであるだけに、表面的な言葉ではなく、営業部員一人ひとりが自然と自分たちの思いが乗った情熱的な話をすることができたのだ。

チームも変わった。社員だけでなく選手もまたＧＲＩＤ ＦＯＲ ＴＨＥ ＭＯＭＥＮＴというチーム・フィロソフィを共有して試合に臨んだ。「その瞬間を粘り強く戦う」という意味だが、チームの大黒柱である朝山正悟はインタビューを受けるたびに、「ＧＲＩＤ」

「粘り強く」という言葉を口にした。それによって、理念が選手の間にも浸透していった。

このように理念が浸透し、実践されたことによって、どうなったか。

結果的に、このシーズンを通して、それまでスポンサーになることに難色を示していた地元の有名企業が支援を決めるなど、輪は広がった。チームの成績も上がったことから売上は昨年比1・5倍になり、この年、早くも黒字化を達成した。

理念は成果に直結する。それを結果で示したことで、オーナーや他の役員も前向きな姿勢に変わり、理念経営を進めていけるチームになった。

その後、2020年にB1リーグに昇格したドラゴンフライズは、上位争いを演じるまでに成長している。

はじめに――リーダーは「判断基準」を言語化せよ

私は、経営理念の策定・浸透・実践を支援する「理念実現コンサルタント」として活動する税理士です。

企業にとって経営理念は大切です。そのこと自体を否定する方はおそらくいないでしょう。多くの会社が独自の経営理念を持ち、それを事業推進の指針にしているはずです。

また、ほとんどの企業が自社ホームページのトップ画面に近いところで経営理念を明示し、世の中に伝えようとしています。

たとえば、ある大手証券会社は、次のような経営理念を掲げています。

- お客さまを中心に考え、より高い価値を提供する。
- お客さまと共に発展し、最高の信頼を得られる会社を目指す。

- 健全な金融仲介機能を果たし、市場・社会の発展に貢献する。
- 多様性を尊重しつつ、一体感の中にも個性の発揮できる職場をつくる。

とても立派な理念だと思います。「多様性を尊重しつつ」などという文言に、社会の価値観を反映する意思も感じられます。

しかしこの企業は、２０２０～２０２１年に「株価操縦」という不正を行って世間の指弾を受け、元副社長を含む６人が逮捕されるというスキャンダルを起こしました。

まさに「言行不一致」。立派な理念を掲げる企業がなぜ、それを裏切るような行いに及んだのでしょうか。

それは、**理念が従業員の間に「浸透」も、「実践」もされていないから**です。

経営理念は、「言葉を作って終わり」ではありません。従業員の間に浸透させ、それぞれの行動がそれに基づいて実践されなければ意味がない。

理念という「言葉」を作れば自ずと浸透し、人々が意識と行動を変えるわけではありません。意識した浸透、意識した実践がなされる「しくみ」を作る必要があるのです。

そして、その理念は「誰かが作ってくれるもの」ではありません。従業員みんなが、それぞれ大事にしている思いや価値観を示し合い、すり合わせることによって組織全体の考えにまとめあげる必要があります。

例に挙げた証券会社の経営理念は、おそらく従業員全員が関与してできあがったものではないのでしょう。世間に伝えてきた経営理念に反する行動を従業員が行った。むしろこれらの言葉があったがために、顧客の失望は増幅したのではないでしょうか。

しかし、やはり理念は大切です。

なぜそう思うか、少し自分の経験を書きます。

私はもともと税理士として、多くの企業の経営を健全化するお手伝いをしていました。そこで痛感したのは、私が関与して完成した経営計画がほとんど実行されないことでした。社長にも従業員にも経営計画が「自分事になっていない」のです。

「なぜ、それをするのか?」
「そもそも何がしたいのか?」
「何を大切にしながら行動するのか?」

そうした自分が大事にしている気持ちや軸などを言葉にしないまま、ただ手足だけ動かそうとしても、行動は長続きしません。

「しなければならない」と人や環境などの外的要因から強制されるのではなく、「したい」という自らの内的要因により行動を起こしていくことが、継続性と質につながり、成果を生む。そう感じたのです。

では、どうすればいいのか。

成果を継続的に生み出し続けるには、経営数字や経営計画だけでなく、それらを自分事としてとらえ、自ら行動を起こす源泉としての、そして行動の判断基準としての「理念の言語化」が不可欠である。

その考えが、理念策定・浸透・実践をトータルで行なう「理念実現コンサルティング」の出発点になりました。

多くの企業が競争環境の変化に対応してビジネスモデルを変え、組織の変革を迫られるいま、理念という古くて新しいものを再評価し、みんなで仕事の価値観をつくり直すこと。それこそが成果につながる確実性の高い方法であると私は考えています。

本書では、7年間で100社以上の経営を支援してきた私の経験を踏まえ、理念策定・浸透・実践のすべてのプロセスについて余すところなくお伝えしていきます。

本書の構成は、次のとおりです。

第1章　「理念」は組織改革の最先端
第2章　「浸透・実践」を前提にした理念の作り方
第3章　理念はこうして「実践」する
第4章　理念を「現場」で生かす方法
第5章　学生が作った理念

第1章では概論として、ミッション・ビジョン・バリューという経営理念の基本的な項目について解説しながら、いまこそ経営理念が必要な理由を説き起こします。経営理念とは「ただの言葉」ではなく、会社や組織の思いと自分の思いが重なり合うことで、現場で業務に取り組む際の判断軸になることをお伝えします。

第2章は理念の作り方です。原則として従業員が全員参加して行う理念策定は、率直に言って時間も手間もかかります。しかし、そのプロセスこそが内面的な動機づけにつながり、不鮮明だった「働く価値観」を具体化します。同時に、同僚と対話を重ねることによって、チームビルディングにも効果を発揮します。

第3章は理念を組織の中に浸透させ実践につなげる方法について。理念経営の中で、もっとも大事なところです。手法を解説するとともに、それによって働く人たちに起こる変化について、いくつかの事例を紹介します。理念の持つ「人を変える力」をリアルに感じていただきます。

第4章は、理念を「成果」につなげる方法を解説します。理念は具体的な成果に結びつかなければまったく意味がありません。営業、キャッシュフロー、人事評価、有事への対応、採用など、業務にまつわるさまざまな場面で理念がどう生きるか、なぜ生きるかを詳しく説明していきます。

第5章では社会人以外の事例として、高校と大学で取り入れられている理念策定・浸透・実践について紹介します。ある公立高校と私立大学において、先生と生徒が一緒になって学校、あるいは部活のチームの理念をつくり、実践する。そこで目の当たりにした理念の「教育的効果」をお伝えします。

私はもっぱら企業組織を支援することを仕事にしてきましたが、この学生の方々との経験を通して、あらゆる組織にとって理念が有効に作用する可能性を発見できました。理念が「自分で考える力」を養うという事実も、注目していただきたいポイントです。

本書は理念に関心を持つすべての方に読んでいただきたいと願っていますが、特に、

中心的な読者として想定しているのは社長、そしてチームリーダーの方々です。

そして、私がさまざまな組織で実践してきたノウハウを紹介しますが、そのノウハウを実践する役割を担うのは、従業員20人以下くらいの会社であれば「社長」、従業員20人を超えて自立した管理職がいる会社であれば「社長」および「管理職」、従業員１００人を超える会社であれば「管理職」「中堅リーダー」を想定しています。

規模の大小はあれど、どんな組織のリーダーも、メンバーを束ね意思疎通しながらパワーを結集して目標達成するために、それぞれのご苦労があるはずです。変化が激しく過去の経験則が通じにくい時代にあって、リーダーシップは多くの困難に見舞われがちです。そのような局面で、経営理念が果たす役割は必ずや大きくなっていきます。

理念の策定・浸透・実践は、どれが欠けてもワークしない一体のサイクルです。みんなで作った実現すべき価値に基づき、行動の指針を決め、それを日々チェックすることを繰り返す。

それは「必勝の方策」ではなくとも、変化に対応しながら成果を出し続けるための強力な原動力になるのです。

こうやって、言葉が組織を変えていく。

全員自分から動き出す「すごい理念」の作り方

理念実現コンサルタント・税理士
生岡直人

ダイヤモンド社

第1章

「理念」は組織改革の最先端

第2章

理念の作り方「浸透・実践」を前提にした

第3章 理念はこうして「実践」する

第4章 理念を「現場」で生かす方法

第5章 学生が作った理念 ―理念の「教育的効果」について―

第1章

「理念」は組織改革の最先端

経営理念とは、企業や組織のイメージを対外的に訴求するための綺麗なスローガンではなく、社員全員がそれを基に行動し、会社を良い方向に変えるための基本原理です。今なぜ経営理念の重要性を説くのか。それに沿って行動するとどんなことが起こるのか。本章では、その基本について解説していきます。

理念は時代に合わせて最適化するもの

企業で働く人の中に、自社の経営理念を知っている人はいても、経営理念を日々の業務の指針にしている人は多くないでしょう。

一般的に経営理念とは、ビジネス活動を行う上での基盤となる価値観であり、日々の判断や行動がそこに紐づいて行われる思想のようなものと言えます。

一つ具体例を挙げましょう。

和菓子の老舗である虎屋は、室町時代後期に京都で創業されました。500年にわたって今もなおブランド価値を守り、事業を続けています。

虎屋の経営理念は「おいしい和菓子を喜んで召し上がって頂く」です。とてもシンプルで、「どんな会社なのか」がストレートにわかります。理念がこのようなひと連なりの文章として整えられたのは1985年だそうですが、創業以来、ここに込められた精神は変わっていないそうです。

もちろん、500年の間に社会は大きく様変わりしていますから、事業活動はその時々の変化に対応するものだったでしょう。それでも、理念そのものは変わっていない。事業の思想というのは、息の長い、普遍的な価値なのだと思います。

ただし同時に、時代の変化に対応するための拠(よ)り所が必要です。虎屋は2015年に「高齢者を大切にする企業を実現する」を掲げました。「おいしい和菓子を喜んで召し上がって頂く」という価値観を守った上で、新たな目標を設定したのです。

経営理念を分解すると、ミッション・ビジョン・バリューに分かれます。

以下は、経営学者のピーター・ドラッカーによる定義です。

ミッション

事業の「目的」「使命」を指す。組織のメンバーがミッションを理解することで、明確な目標を立てられるようになり、各人が自分の仕事に取り組めるようになる。

ビジョン

「ミッションを実現させた将来像」を指す。組織においてリーダーがミッション実現後の理想的な姿を示し、メンバーとそれを共有することが重要。

バリュー

「価値基準」を指す。組織のメンバーがビジョンを共有し、ミッションを実現していくには、この「価値基準」が明確であることが求められる。

ドラッカーの定義を踏まえると、虎屋の経営理念「おいしい和菓子を喜んで召し上がって頂く」はミッションであり、「高齢者を大切にする企業を実現する」はビジョンであると言えます。500年続く老舗企業が、その時々の環境に合わせて行動を最適化する必要に迫られ、ビジョン・ミッションは状況に応じた変遷があったはずです。

つまり経営理念とは、絶対不変のものでは決してなく、時代や環境に合わせて最適化されていくべきものなのです。

ミッション・ビジョン・バリューは「時間軸上」で考える

本書では、ミッション・ビジョン・バリューのそれぞれについて適宜、解説を加えていきます。文脈に応じて「理念」や「クレド」という言葉も使いますが、その場合はミッション・ビジョン・バリューのすべてを含むものであるとご理解ください。

さて、先に紹介したドラッカーによる経営理念の定義は、一般的な通念として広く理解されているものですが、これらを私自身の言葉で定義していきます。

まず、私が考えるミッション・ビジョン・バリューの定義と関係性を図で示します。ミッション・ビジョン・バリューを「時間軸を用いて」示したのが39ページの図です。この3つは、切り離すことができないものです。

ミッションとは、「なぜ（＝Why）」を言語化したものであり、「目的」や「使命」に言い換えられます。「なぜその事業を始めたのですか？」など、想いを言語化するための「なぜ」を用いた質問の多くは、回答者を過去から現在までの思考に引き戻します。そのため私は、ミッションを**「過去」をひも解いて言語化したもの**だと考えています。

ビジョンとは、「何（＝What）」を言語化したものであり、「目標」や「運命」と表現できます。つまり、**何を実現するかという「未来」を言語化したもの**だと言えます。

さて、これらビジョンとミッションは、「誰が」言語化すべきものでしょうか？

これもまた、時間軸を用いて判断できます。事業を始めた時点で、もしくは社長となることが決まった過去の時点でその企業にいたのは、社長です。「なぜやるか？」という覚悟は、社長自身にしか言い表せないものがあります。ですからミッションは、社長が責任と覚悟をもって言語化すべきものです。

一方ビジョンは、経営陣全員で言語化するものだと私は考えています。組織の未来に責任を負っているメンバーで言語化する必要があるということです。逆に言えば、ビジョンを言語化するプロセスに経営陣を入れないと、経営陣の自立と責任を削いでしまうことにもなりかねません。

最後にバリューです。バリューとは「どのように（＝How）」を言語化したものであり、「価値観」や「行動指針」を表わします。

バリューは社長、経営陣をはじめ従業員、パート・アルバイトを含めた全員で言語化します。時間軸上の「**現在」にいる全員で言語化し共有するべきもの**だからです。

とはいえ、実際にバリューの言語化プロセスに入ったときに、パートの方から「いや

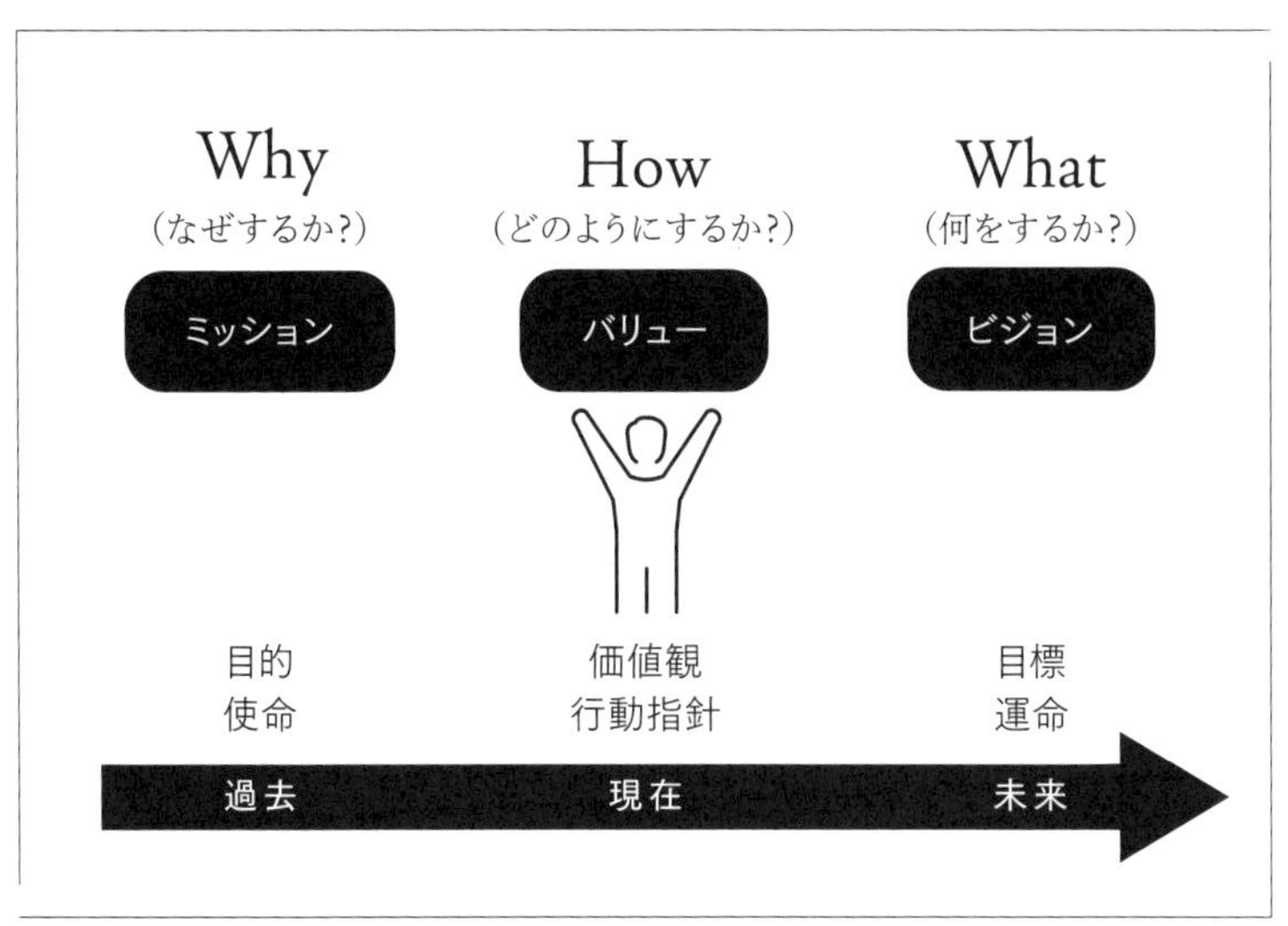

理念は時間軸上で考える

いや、私なんて大したことしてないので……」と謙遜されたり、「こんな時間いいから早く現場に戻らせてくれよ」と不平を言う従業員の方がいたりもします。

そういったケースで私は、「あなたの考えを案として出してくれないと、会社のバリューは完成しない」と伝えます。おべっかを使っているのではなく、心底そう思っているからです。

当然ながら、社長や経営陣だけで会社の仕事のすべてをやっているわけではありません。社長も経営陣も知らない、パート・アルバイトを含めた従業員が持つこだわりや考えを通して生み出されている価値が確実にあります。

それらを当事者が出してくれることで、

会社全体として本当の価値観が集約され、現場で活用できる「生きた」バリューができていくのです。

「成果」に直結する理念の3条件

次に、ミッション・バリュー・ビジョンを総合した「理念」そのものの私の捉え方について説明します。

もちろんドラッカーの定義を否定するわけではありません。私が目指す「**成果に直結させるための**」**理念の条件**であり、それは次の3つから成ります。

(1) 理念とは、本当に伝えたいことを、伝わるレベルで言葉にしたものである

私は、ときに社長へ「従業員に伝えたいことはなんですか?」と質問します。多くの社長は「残業を減らしてほしい」「部下をもっと育ててほしい」といった表面的な回答をします。そこで、次の質問を重ねます。

「わかりました。では、**本当に**従業員に伝えたいことってなんですか？」

すると社長は少し考え込みながら「やっぱり縁があってこの会社に来てくれたんだし、仕事を楽しみながらがんばってほしいかな」というような、先ほどよりも少し踏み込んだ回答が出てきます。

これが、理念を言語化するための材料の一つになります。

そして、もう一つ大事なのは、「伝える」だけでなく「伝わる」にこだわることです。私が関わる社長の多くは「伝えてるんだけど、伝わらない」という悩みを持っていますが、単純に伝わる言葉をチョイスできていないだけであることが多いのです。

いかに社長の思いや考えを正確に表す言葉であっても、従業員にとってしっくりこなければ受け入れられません。従業員が大事にしている思いを示す言葉を吸い上げて、社長の言葉とすり合わせることで、誰もが共感できる言葉に近づいていきます。

(2) 理念とは、人が自立的に動き、成果が上がる仕組みそのものである

作るだけではなく「浸透」「実践」を前提とする理念は、人が自立的に動くきっかけになります。

また、理念を基にあらゆる経営戦略を練ることで、理念そのものが会社や組織の成果を上げる仕組みづくりの根幹となります。

(3) 理念とは、判断軸である

コロナ禍をはじめとしたさまざまな「有事」が起こり、ひと昔前の正解が正解ではなくなってきたと誰もが感じる時代です。正解を世の中の常識に求めるのではなく、正解を自分で作ろうとするときには、自分の中に判断軸を作ることが必要です。

外部の情報によって説得された基準ではなく、自ら納得した基準で判断した行動は、スピード感も集中力も段違いです。理念は、その判断軸そのものです。

理念はどう「成果」につながるか?

私が進める理念の策定、浸透、実践という一連の「理念実現コンサルティング」は、すべてのプロセスを伝え、自ら進めることができるようになるまで伴走する活動です。「言葉を作ってあとはお任せ」ではなく、組織に浸透させ、事業行動のすべてを理念に紐づけて実践できるようになるまでサポートしていきます。

その具体的なプロセスについては、第2章以降で詳しく説明します。ここではまず、理念が浸透し実践に移されると組織がどのように変わるのか、その効用についてイメージを持っていただくための4つのポイントを説明します。

1 「あり方」が継続的な成果を生み出す

会社の経営理念を作りたいと私に依頼してくださる企業は、「世間からのウケがいいキャッチフレーズをつくること」を求めているのではなく、組織を改革し、業績を伸ばすことを期待しています。

当然ながら私も、「どうすれば成果を上げることができるか」を考え、実行します。経営理念とは、会社を良い方向に変えるための基本原理です。

なぜ理念が大事なのか。それは、**理念の浸透・実践が経営における最上位概念であるから**です。たとえばマーケティング施策や経営戦略の策定も、人事制度を整えるのも、すべて理念浸透・実践が前提です。

会社としてどのような価値を大事にするか、業績を拡大するために従業員が遂行するべき行動はどのようなものか。それこそが理念であり、企業が事業を進めるために明確にしなければならないものです。

企業が展開する個々の施策は、結局のところ「やるか・やらないか」で決まります。どんなに素晴らしい戦略であっても、従業員が「やりたくない」と思えばすべては水の泡です。

社長や現場のマネジャーは、成果を上げるための「やり方」を求めがちです。私も経験があるので気持ちは痛いほどわかりますが、いくら「やり方」を並べてみても、やらされる側としては「やるか・やらないか」の選択にしかなりません。そうではなく、「やりたい」とみんなに思ってもらう必要があります。

「やりたい」と思えるために大切なのは、「やり方」ではなく「あり方」です。「どうあるか」「自分たちはどんな組織でありたいか」「どんな姿勢で仕事をするか」。それらを問い直し、組織全体で共有することが成果を上げるために不可欠です。

「このマーケティング手法で成果が出た」ということがあっても、1年後にその手法が陳腐化していることなどザラにある時代です。一時的な喜びや達成感ではなく、永続的に成果を上げるきっかけは「やり方」ではなく「あり方」にある。そして、「あり方」こそが理念なのです。

たとえば、書店にたくさん並ぶ経営論や経営戦略や制度やマーケティングなどの本を読んで、なるほどと納得したり、部分的に参考にしたい箇所があったとしても、自分が置かれた状況に完全に一致する理論はないはずです。実践に移しても、うまくいかなかった人もいらっしゃるのではないでしょうか。

借り物の理論は、その理論が生み出された過程が自分自身の経験や思い出にひもづいていないため、原動力になりにくいのだと思います。

本書でお伝えしていく「理念の浸透・実践」とは、自分たち自身が生み出した言葉を「過去はこうだった。じゃあ次はどうするか?」というふうに、**自分たちの「あり方」のストーリーを共有しながら「やり方」を考えていく過程**です。自分自身の軸があってこそ、借り物の手法も上手に利用することができ、成果につながっていくのです。

2 理念が判断の質とスピードを上げる

39ページの図について述べたように、ミッションは社長、ビジョンは経営陣、バリューは全員で策定します。外部から与えられるものではなく、個々の価値観を出し合いながら、組織として共有するべきものを自分たちで絞り込んで決めていくプロセスです。

理念を決めるプロセスで私は「多数決」は絶対に採用しません。「みんなが言うならそれに従おう」というメンバーが生まれないようにするということです。全員が納得し、合意するまで話し合いを続けます。「全員で共有できない理念」は意味がありません。

だからこそ、理念策定の行程には相当の時間がかかりますが、それは然るべきコストとして全員一致を原則にしています。そのプロセスを経て生まれ共有された理念の力は、極めて強いものです。

端的にいえば、仕事の質が上がり、スピードが上がります。共有された理念が現場での「判断軸」になるからです。

現場の判断軸としての理念は、ミッション・ビジョン・バリューの「バリュー」にあたります。バリューを決めて共有することで、悪い判断が減り、良い判断が増えます。

判断軸がないのは、事業課題について一人ひとりのセンスや経験をもとに乗り越えようとする状態です。逆に言えば、センスや経験がないと乗り越えられない状態です。みんなで決めたバリューを「判断軸」にして考えられれば、今までの自分の頭だけでは考えられなかった選択肢が生まれるきっかけになります。

判断軸などなくても、経験豊富な上司や先輩に相談すればいいという考え方もありますが、判断スピードが落ちます。仕事は生ものですから、その場その場のスピーディな判断が必要です。お客様からの質問ひとつとっても、バリューに照らし合わせ10秒で答えるか、「持ち帰ります」と言って翌日に答えるか、違いは歴然でしょう。

自分たちがつくったバリューだからこそ、心からその判断軸に納得しているからこそ、即断できるのです。

3 「ルール」ではなく「バリュー」を共有すると行動が変わる

理念実現コンサルティングの目的は、組織の価値観を明確にし、仕事に取り組む考えと行動を変えることです。「考えと行動を変える」というと「ルール」や「制度」の導入を想起されがちなのですが、バリューとルールは全く異なるものです。

ひとつ例を挙げましょう。

経費精算は現場の従業員にとっては面倒で、ついつい遅れがちになります。ある会社の経理担当の方から「従業員みんなに交通費の精算を呼びかけても、なかなかやってもらえない。それが大きなストレスになっている」と相談を受けたことがあります。

作業が進まないのもさることながら、担当者としてぞんざいに扱われていることに不満を感じているようでした。「言いたいときに言えない」「聞きたいことを聞けない」というストレスはどんな職場にもあるでしょう。声にならない小さな棘のようなストレスを仕事の現場から取り去っていくことは、小さいことのようで非常に大きな問題です。

このような場合に、バリューが有効です。「期限を守る」というルールがすでに守られていないのですから、新たなルールを設けても事態が改善されるとは思えません。問題の真因は「少しぐらい遅れてもいいだろう」という従業員の意識にあるからです。

そこで、たとえば「社内でのコミュニケーションはお客様とのコミュニケーションの鏡である」というバリューがあれば、この件をケーススタディとして話し合うことができます。「そういうところがお客様とのコミュニケーションにも絶対に出るから、みんなで変えていこう」と、意識を変える機会になりえます。

この際に大切なのは、バリューがあることそのものだけではなく、**バリューを通して感情を交わすコミュニケーションが発生することです**。ルールは無機質なものですが、バリューを通して対話することで人の行動が変わる面があります。

経理担当者が「困っているんです、ちゃんとやってほしいんです」と口に出して訴える。全員が納得したバリューが共有されていて、それが実現されていないのだとみんなが気づくからこそ、行動を変えるきっかけになりうるのです。

オンライン会議やリモートワークが浸透し、バリューの共有は一層大事なポイントになっています。同じ場を共有していればすぐに聞けるようなことでも、相手の状態がわからないリモートワークでは、「いまチャットで聞いたら迷惑かな」などとブレーキがかかることがあるでしょう。

そうしたときにも、バリューが共有されていれば「私たちはこういう思いで動いているんだから、聞かなければいけないんだ」と背中を押す。受け取る側も、忙しいときでも「ちゃんと対応しなければいけないな」と受け止める。

同じ場にいなくても、バリューによって確かにつながっているという実感が持てる。**やるべきことをやるための迷いや悩みをなくせる**のです。

4 「理念浸透」はマーケティングの最先端

マーケティングの観点からも、理念が大事であると言える時代になっています。バブル景気から2010年ぐらいまでの「マーケティング3・0」は「誰から買うか」が重要だった時代だと言えます。

それに次ぐ「マーケティング4・0」では、「誰から買うか」に加え、「その商品を買うことによって自分がどれだけ何に貢献できるか」という観点が加わってきています。

つまり、**商品を扱っている会社や人物の「あり方」が、消費者が商品を選ぶ基準の一つになっている**ということです。もはやマーケティングは「手法」ではなく、「あり方」を見透かされる時代になっています。

そうした状況もあって、「マーケティングを強化したい」というクライアントに対して、私は「理念から見直しましょう」と言います。商品やサービスのファンがほしいと思っても、理念と言行一致していなければ人はついてこないからです。

ただし、大切なのは「本当に言行一致しているか」よりも「一致させようとしているかどうか」です。まったくできていないのは論外ですが、できていない部分があっても「やろう」という姿勢を会社が発信できているかどうかを消費者は見ています。

イチロー選手は「打率4割」を目指して達成できませんでしたが、それでも尊敬を集めているのは、それを真摯に目指している姿を見せていたからでしょう。人は完璧なものよりも、「完璧を目指している姿」に魅力を感じるのだと思います。

なぜ「理念」に関心を持ったか？

第1章の終わりに、なぜ私がこれほど理念に関心を持ち、コンサルティングの輪を広げてきたのか、その根拠やルーツを明らかにしておきます。

私は、かつて税理士として仕事をしていました。主に中小企業の経営改善の仕事をするかたわら、外部の講座などに出席して経営コンサルティングを学ぶようになったのが、独立する1年前ぐらいのことでした。

税務という「数字の世界」に軸足を置きつつ、理念という「言葉の世界」に入っていったわけですが、その強い動機になったのは「**数字だけでアプローチしても成果につながらない**」という忸怩（じくじ）たる思いでした。

クライアント企業に対して、数字のシミュレーションをして、経営計画をつくり、「これでうまくいきます。ぜひ実行してください」と言っても、ほとんどのケースで実践されないのです。その理由はさまざまありましたが、最も大きな要因は「なぜやるか」「どのようにやるか」を私が伝えられていなかったことにありました。

人は、大いに言葉に動かされるものです。ただし、行動を変えるほどの力を持った言葉とは、コンサルタントがつくって渡すようなものではなく、その組織で働く人々の実感を伴う言葉です。

仕事を「なぜやるのか」「どのようにやるのか」をみんなで決める。その前提として、組織としてどのような価値を大事にし、どのような未来を実現しようとするのかを言語化する。つまり、経営理念をつくり、浸透させて、実践する。これこそが組織をよい方向に動かし成果を上げる方策である、という考えに至りました。

それ以後7年の私の取り組みは、試行錯誤の中でオリジナルな方法論にたどり着き、多くの組織で成果を上げてきました。

次章以降、その方法論を明らかにしながら、理念策定・浸透・実践について余すところなく語っていきます。

COLUMN

理念が成果につながるプロセス

理念策定・浸透・実践の目的であり、ここまで繰り返し挙げている「成果の上げ方」について、少し解説します。

人は、程度の大きさは違えど、成果を求めて行動します。

仕事をしている人であれば、「どうやったら売上目標を達成できるだろう？」「どうやったらお客様に気に入ってもらえるだろう？」。

学生であれば、「どうやったらテストで良い点が取れるだろう？」「どうやったら部活で良い成績が収められるだろう？」。

アスリートならば「どうやったらもっとスキルを身につけられるだろう？」「どうやったら本番で力を発揮できるだろう？」。

そういうことを日々考えながら行動しているでしょう。

日常生活においても、「どうやって遅れず目的地にたどり着こうか？」「どうやって気になる人と仲良くなれるだろうか」など、小さな成果を求めることの連続でしょう。

55ページにあるのは、私が考える「成果を出すまでのプロセス」を図解したものです。

成果は行動から生まれ、行動は日々の習慣から生まれ、習慣は思考と感情から作られます。 成果をどんどん出す人と、なかなか成果を出せない人との違いは、この成果へのプロセスが身についているかいないかだと考えています。

さて、さきほど列挙した「成果を求める人の思考」には落とし穴があります。人は成果を出そうと考えたときに、「どうやったら」と考えがちです。つまり、「どんな行動をしたら成果が上がるだろう?」と、目に見える「行動」を変えようとしがちなのです。

しかし、それでは一向に成果が出ない場合があります。それは、そもそも「成果に結びつく考え方」になっていないからです。

考えるべきは、まず行動に先立つ「思考」と「感情」です。これは行動と違って目に見えないものですが、成果に結びつけるために必要な思考と感情を言葉にするのです。

たとえば、私のクライアントのある飲食店では、理念の一つに「自分の機嫌は自分で取る」という言葉を掲げています。

人の感情には起伏があるため、機嫌の良し悪しは避けられません。しかし、機嫌が悪いまま仕事に取り組んでも、集中力が散漫になったり、仲間との連携がうまくいかなかったり、お客様に機嫌の悪さを見透かされてしまう可能性もあります。

つまり、機嫌が悪いことが、すべての行動の質を下げてしまう。だからこそこの飲食店では、成果を上げるための一つの考え方として「自分の機嫌は自分で取る」を取り入れているのです。仕事が始まる前や、仕事中のふとしたときにこの言葉を思い出せる状態になれば、機嫌が悪い状態を抜け出すきっかけになります。

そして次に必要なのは、思考と感情を整える言葉を自分に定着させるための「習慣」をつくることです。

思考と感情は、いわば点です。浮かんでは消え、一瞬一瞬で変わっていくものなので、定着させようとする習慣が必要です。良い習慣が自分自身につくられた状態でいざ行動を起こすと、成果に結びつきやすくなります。

目に見える成果を継続的に上げたいのであれ

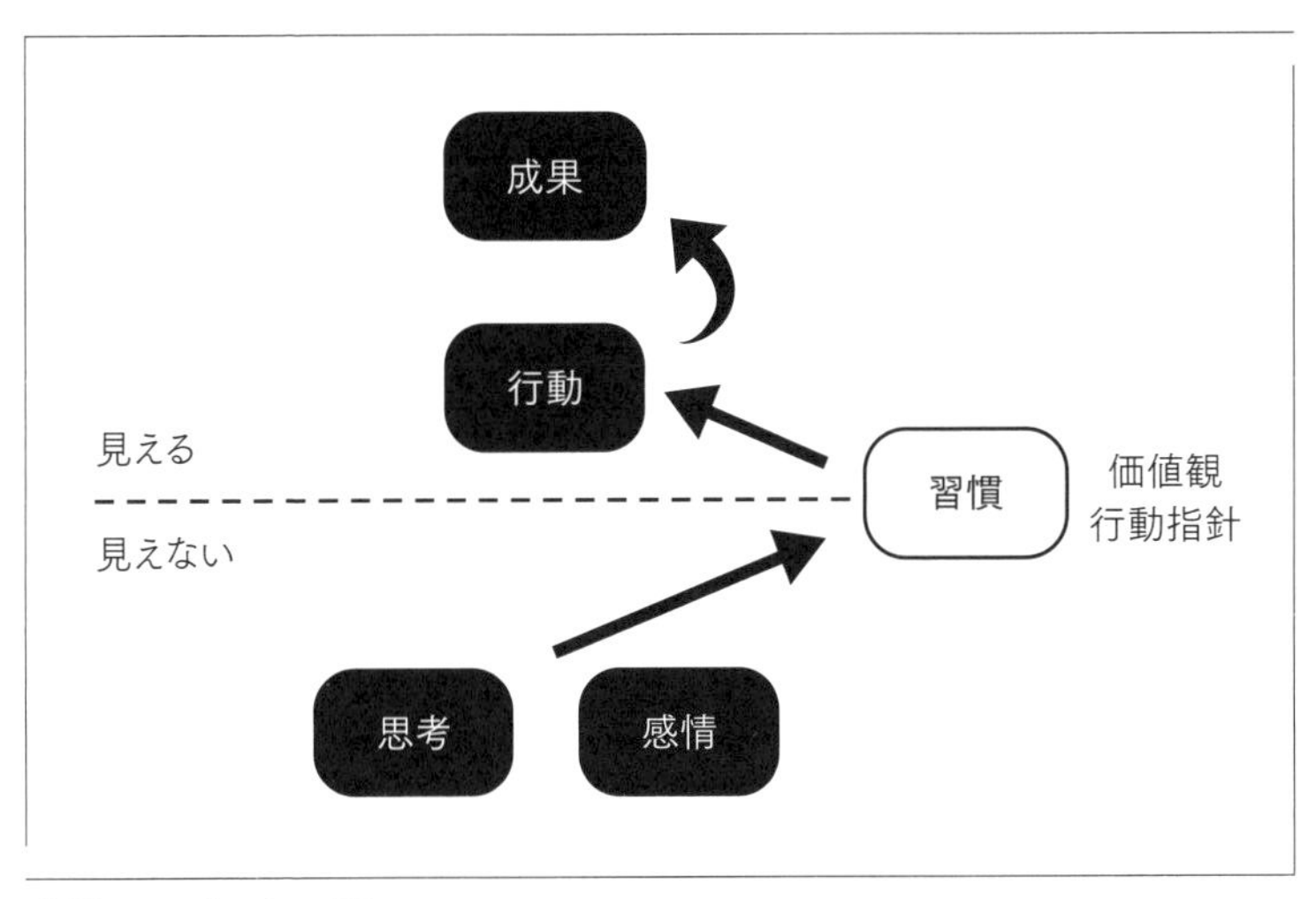

成果へのプロセス図

ば、目に見えない思考・感情を整え、それを習慣に変えていく。この図は、そのプロセスを表しています。

実は、この「思考と感情を言葉として整える」ことこそが理念策定であり、「言葉を定着させるための習慣をつくる」ことが理念浸透です。

そして、その習慣から生まれる行動そのものが理念の実践なのです。

第1章まとめ　リーダーのためのアドバイス

この章では、理念とはなにか、その基本について語りました。ポイントをまとめます。

理念は3つに分解できる

- ●ミッション→「なぜ（Why）」を言語化したもの。目的、使命
- ●ビジョン→「なに（What）」を言語化したもの。目標、運命
- ●バリュー→「どのように（How）」を言語化したもの。価値観、行動指針

理念をどう定義するか

理念とは、

- 本当に伝えたいことを、伝わるレベルで言葉にしたもの
- 人が自立的に動き、成果が上がる仕組み
- 現場で動く人すべてにとっての判断軸
- 会社を良い方向に変えるための基本原理

理念が浸透し、実践されると組織はどのように変わるのか

- やり方＝スキルではなく、「あり方」を示す。だから社会変化、会社の状況変化に耐え、永続的に成果を上げるきっかけになる
- 理念は現場の判断軸になる。だから業務の質とスピードが上がる
- 理念はルールや制度の限界を超える。職場内での対話を誘発し、活性化する

事例1 税理士法人クロジカ

開業以来大切に育ててきた理念が、40年後に大きく動き出した

事業承継にあたって、理念を新たにつくり直し、実践に結びつける。理念という共通の価値観を共有することで、組織が生まれ変わり進み始めた事例を紹介します。

理念を作り直すことが合併の条件だった

熊本県熊本市で事業を行う「税理士法人絆」と、同県宇土市に本社を置く「税理士法人やまぐち」は、「税理士法人クロジカ」という新会社を設立し、段階的に法人合併に向

から途上にあります。

「クロジカ」という社名はもちろん「黒字化」に由来し、顧客企業を黒字にする意志が込められています。社名そのものが、会社が果たすべきミッションになっています。

クロジカの共同代表の一人である山口真太郎さんは、もともと「税理士法人絆」で税理士として勤めていましたが、2015年に独立し、父親の後を継ぐ形で「税理士法人やまぐち」を設立。2020年に「税理士法人絆」の代表である隈部幸一先生に依頼され、後継社長として法人合併することになりました。

「隈部先生は私の元上司であり、税理士としてあらゆることを教えていただいた恩師です。事業承継はその恩返しをするようなもので、ありがたくお引き受けしました」

そう語る山口さんが合併の条件として提示したのが「経営理念を作り直すこと」でした。そんな折、山口さんは私が主催する理念実現コンサルティング習得実践講座を受講され、そのご縁でコンサルティングを引き受けることになったのです。

山口さんは、こう言います。

「私が独立して事務所を持ったとき、理念が大事だと考えクレドを作りました。自分が大事にしている思いを踏まえてクレドを作ってみると、まったく意識していなかったのですが、半分以上が隈部先生に口酸っぱく日々言われてきたことで占められていました。

父の仕事を継承し、それから3年で事業規模は3倍になりました。それはクレドをもとに、つまりは隈部先生の考えを大事にして素直に取り組んだからだと思います」

「税理士法人絆」にも、隈部先生による立派な理念がありました。ただ、事業継承を前提に職員の様子を見ていると、隈部先生の理念は言葉としては浸透しているものの、職員の日々の行動に活きるまでには至っていないと感じたそうです。

私が関わらせていただくようになった後、隈部先生と初めてお会いしてそのことをお話しすると、「今まで、やろうと思ったことや理念に掲げたことが職員に伝わっていたかというと、正直、私の力不足でできていなかった」とすぐに理解を示されました。

私は理念策定に向けて職員一人ひとりの方々と面談し、仕事をする上で大事にしている考えや思いを聞いていきました。すると、事前に聞いていたよりも、みなさん非常に前向きな印象がありました。

従来の隈部先生の理念について「理解はしているが実践するのはややしんどい」という本音も出てきて、隈部先生のリーダーシップはかなり強烈だったのだろうと感じました。そんな思いを引き出しながら、新しい理念の言葉に落とし込んでいきました。

理念に共感する人同士は、よい関係性で仕事ができる

山口さんは言います。

「職員がいろいろな不満を抱えているとわかりました。それは私自身も感じていたことで、ああやっぱりな、と感じることもありました。完全な第三者である生岡さんがスタッフ一人ひとりと向き合って話し、仕事をする上で大事にしていることを引き出すのは、理念を作る前の土台作りになっていたとわかりました」

その後クロジカでは、LINEグループ上で毎日、職員のみんなが理念にまつわる発信をして共有する、ということを2年続けています。これを「デイリーラインナップ」と呼んでいます（第3章で詳しく解説します）。つまり、自分たちが作った理念に毎日向き合って日々の行動に落とし込んでいくということです。

そこでどのような対話がなされているか、一例を紹介します。ある若手職員が「本日の行動指針は○○です」と書き込みます。それに対して、他の職員が感じたことや激励の言葉などを返します。コメントをもらった職員は全員に対して返信します。これを毎

日続けるのです。オンライン上で１ｏｎ１ミーティングを毎日行うイメージです。

こうした理念策定・浸透・実践のプロセスは、「成果」としてどのように現れているか。山口さんは「売上の増大」「コストの効率化」という2点を挙げます。

「お客様と顧問契約するかどうかを決める面談で、理念を記したクレドカードをお見せしています。まず、私たちの価値観を理解してもらいたいからです。違和感を持った方は自然と去っていきますし、共感する人はその後もよい関係性で仕事ができることが多いのです。ここ1年半、面談して顧問契約した法人は1件も解約になっていません」

「同様のことが、採用活動でも言えます。クレドで相性をはかることができるので、会社と合わなくて辞めてしまう、という人件費のコスト削減につながっています。この1年半に入った方は一人も辞めていません」

事業承継とは何を受け継ぐものかというと、「従業員の職位」や「地位の承継」が第一にあり、次に「財産債務」を引き継ぐというのが一般的な理解です。これらはいずれも「目に見える資産」です。

しかし企業には「目に見えない資産」があり、その代表的なものが理念であると私は考えています。「理念の承継」は本来税理士の管轄外であり、話題に上ることも少ないと思いますが、事業承継を成功させる大切なポイントです。

クロジカは、令和8年までに完全合併することを目指しています。

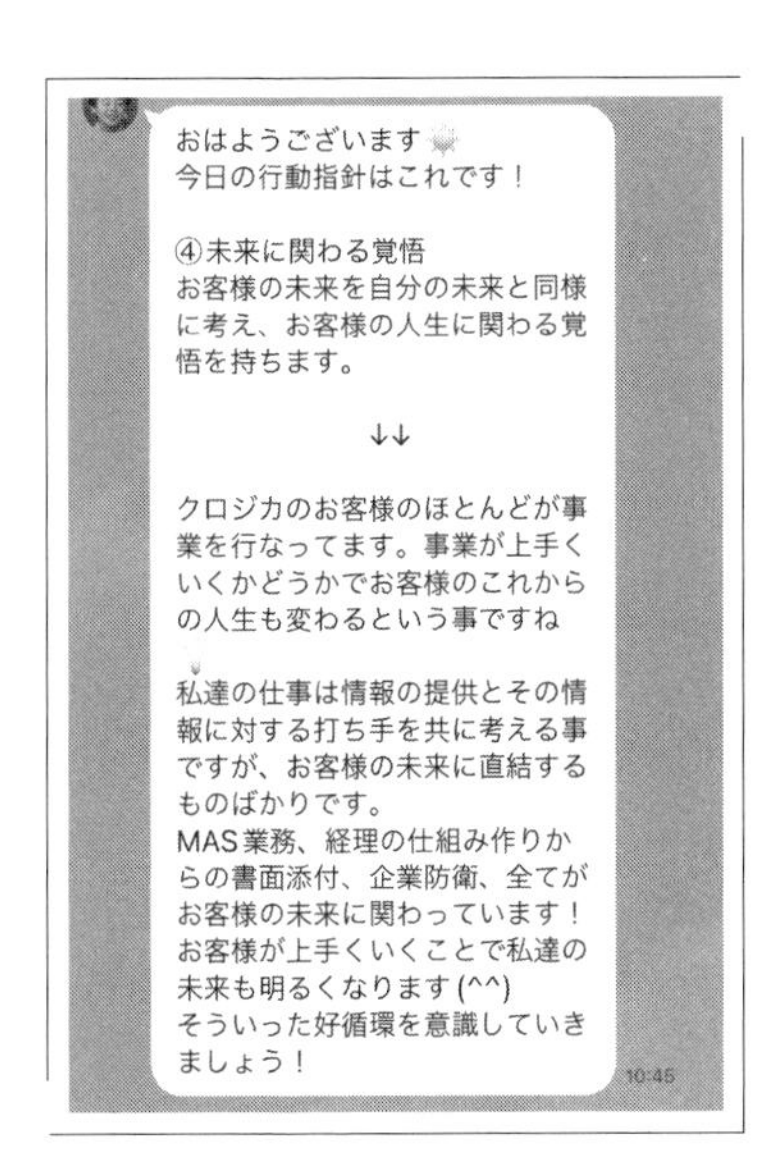

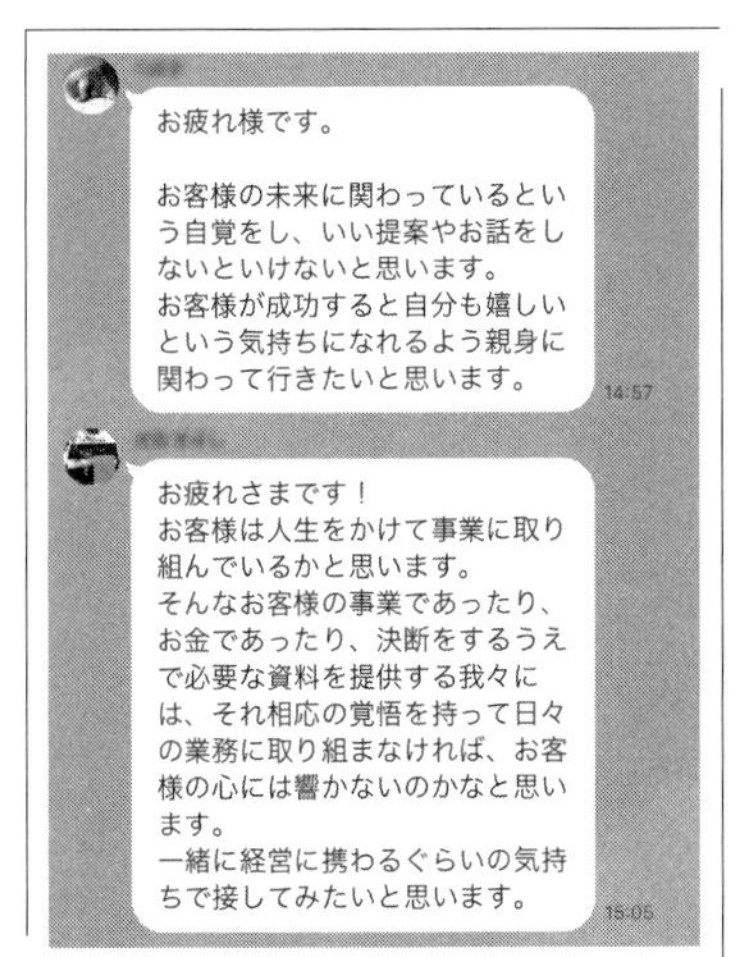

デイリーラインナップの例

VISION
~仕事の取り組み方~
【自分事】
私たちは、「自分事」という意識を常に広げ、
行動を結果につなげます。
~チームワーク・人材育成~
【愛をもって叱咤激励】
私たちは、未来のために「愛をもって叱咤激励」を重ね、
成長し続けます。
~会社の経営姿勢~
【誠実・継続】
私たちは、感謝の心を持ち、
「誠実・継続」の姿勢で地域に貢献します。
WEB
VISION
経営目標
関わるお客様99%の"健全な黒字化"と
"信頼性の高い税務申告"を実現する。
※"健全な黒字化"とは、
利益、資金および経営者や従業員の心が
永続的に健全であることを意味する。

VALUE

KUROJIKA

~チームワーク・人材育成~

【真の友】

13 困ったときの友が「真の友」

困ったときの友が「真の友」です。
元気になる言葉と行動で、
困った人を励まします。

14 切磋琢磨

良きライバルとしてお互いを
刺激し合いながらも、仲間の成長を心から
応援する私たちでいます。

15 クロジカで対応する

報連相が行き交う風通しの良い
事務所であり続けながら、
どんなお客様も「クロジカのお客様」として
事務所全体で対応します。

16 目的と期待を伝え合う

何のために、どんな効果を期待しているかを
お互いに伝え合って行動します。

~会社の経営姿勢~

【誠実・継続】

17 清く正しく

私たちは、決して負い目を感じる仕事はしません。
脱税や粉飾の相談は三方悪しとなるため、
100%お断りします。

18 歯科ならクロジカ

私たちは、熊本で歯科に一番強い
事務所づくりを常に目指します。

19 プロとしてのあり方

私たちは、プロ集団であり続けるために、
最新の情報・専門知識やその活用法を
常に学び、価値を提供し続けます。

20 人生を彩る職場であり続ける

仕事も遊びも人生を彩る大切な要素です。
だからこそ、個人の力が十分に発揮でき、
プライベートも全力で楽しむことができる、
安心して働ける環境を創り続けます。

税理士法人クロジカのクレドカード

第2章

「浸透・実践」を前提にした理念の作り方

本章では、理念策定のプロセスについて詳しく解説します。「従業員全員に伝わり、全員の成果につながる理念を作りたい」と考えるのであれば、従業員の全員参加が必須です。私の理念実現コンサルティングでは、6カ月で理念を作り切ることを基本としています。そこでは「社長がするべき作業」と「従業員がするべき作業」が同時に走り、双方が響きあいながら組織の価値観が作り上げられていきます。

理念実現プロジェクト、全6カ月のスケジュール

理念は、自分の組織のメンバーだけではなく、関係するすべてのステークホルダーの満足を実現するためにあるべきものです。社長が一人で作るべきではないし、もちろん私のようなコンサルタントが作って与えるものでもありません。独りよがりの言葉になってはいけないのです。

そして「実現」を強く意識します。**実現しない理念を作る必要はありません**。

理念策定は、社長が大切にしている価値観と、従業員一人ひとりが日々の仕事に向き合う中で大切にしている価値観とを、それぞれが確認し、すり合わせていく過程です。

たしかに、理念策定というプロセスのゴールは理念を言語化する、つまり「言葉を作ること」です。ただ、その先にある浸透、実践、ひいては「実現」のプロセスを意識しないとトンチンカンなことになります。

少し前までは、「お金を払えば理念を作ってくれるんでしょ」などと言われたことが何度もあります。私は「言葉を作るだけ」のご依頼はお受けしていません。「作ることはで

きますが、それでは伝わらないですから」とお断りしてきました。

「従業員みんなに伝わって成果につながる理念を作りたいのであれば、ぜひ一緒にやりましょう」というのが私のスタンスで、単に「自分の思いを伝えたい」とか「かっこいい理念を作りたい」のであるなら、コピーライティングなどに優れた人は世の中にたくさんいらっしゃいますからそちらでどうぞ、ということです。

このような前提のもと、本章ではミッション、ビジョン、バリューをどう作るのかを解説していきます。

次のページに、理念策定のスケジュールイメージを掲載します。

私はいつも「6カ月で理念をつくり切ろう」と提案しています。もちろん状況に応じて延びることもありますし、もっと短縮したいというご要望もありますが、原則として6カ月というのが私のやり方です。

なぜ6カ月なのか、半年間で何をどのように進めていくのか。

スケジュール表に沿って説明していきます。

3カ月目	4カ月目	5カ月目	6カ月目
売上や客数、従業員数などを具体的に議論すると実現可能性が高まる			
	従業員の言葉を使いながら、社長および経営陣の言いたいことを言語化する		
		親しみやすい、持ちやすいデザインや大きさ（名刺サイズなど）がオススメ	
		日次・月次・年次の施策を最低1つずつ実施がオススメ	
バリュー策定説明会		バリュー完成ミーティング	
			浸透の取組みをスタートさせる

		1カ月目	2カ月目
①社長または社長・経営陣とのセッション	会社の現況および お困りごとの確認 （対象:原則は社長のみ）	数値や組織図などを踏まえて事実を慎重に確認する	
	ミッションの言語化 （対象:原則は社長のみ）	1カ月目は70%の出来を目指して、2カ月目で完成	
	全従業員に対する期待と貢献の言語化 （対象:原則は社長のみ）	期待と貢献の数を バランスよく出す	
	社長のバリュー案の言語化 （HWに持ち越す可能性あり）		バリューは全従業員の案を 持ち寄って作るため、 社長や経営陣だけで 完成させてはいけない
	ビジョンの言語化 （対象:経営陣を含めてOK）		
	従業員からのバリュー案の確認と策定 （対象:経営陣を含めてOK）		
	カードデザイン等の検討		
	浸透施策のあり方と やり方の紹介 （対象:経営陣を含めてOK）		
②従業員とのバリュー策定	バリュー策定を自分事として とらえてもらうための前準備	「成果が生まれる自立的思考と行動」研修	「期待と貢献」面談
	従業員へのバリューの説明およびバリュー策定HW（1週間を目途にバリュー案提出）		
	理念浸透研修やミーティング（必要に応じて） 例:理念×セールス研修、バリューディスカッション、ケーススタディ		

理念策定プロジェクト　全体のスケジュール

【1カ月目】社長との面談／全従業員への研修

最初に、社長と私で会社の現況確認と「ミッションの言語化」を行います。これは1対1の面談で、必ず2時間ほどかけてじっくり行ないます。

それと並行して、全従業員向けに「成果が生まれる自立的思考と行動」という研修を実施します。これは、バリュー策定を自分ごととして捉えてもらうための準備として行う研修で、「理念」という言葉は一切出さずに、しかし理念の大事さを感じてもらう狙いがあります。

いくつかのワークを通して自分の過去の経験や実生活を思い出してもらいながら、成果を生むために大切にしている価値観を言葉にしてもらいます。この言葉が結果的に、3カ月目に行う「バリュー策定説明会」で考えるバリュー案の材料になっていきます。

2カ月目に実施する「期待と貢献面談」の準備もします。これは全従業員との個別面談で、社長と従業員の価値観や思いのギャップを埋めていくための面談です。

バリューを作るにあたって、その前に「いやいや、そもそも社長に言いたいことがあんねん」というような食い違いがあると、話は前に進みません。そこで、期待と貢献をちゃんとお互いに確認し合えるような面談をしていきます。

これら「成果が生まれる自立的思考と行動」研修と「期待と貢献」面談の詳しい内容とやり方については、この後じっくり解説します。

このように1カ月目は、社長との面談と研修を通した全従業員への働きかけが同時進行していきます。

【2カ月目】社長と「バリュー案」の言語化／全従業員との「期待と貢献」面談

全従業員と「期待と貢献」面談を行います。

まず、実施する前月に、社長に対して「全従業員に期待していること」と「全従業員一人ひとりに対して貢献できること」をヒアリングします。人数が多い大会社の場合は、社長と関わりの深い幹部や本社の方から始めることになります。

社長に対して「Aさんに期待していることはなんですか？」と聞くと、割とスラスラ出てきます。期待をひと通り聞いた後、「ではAさんに貢献できることはなんですか？」と聞きます。この質問をしたとき、大抵の社長は「うーん…」と考え込むか、「貢献ってどういうことですか？」と聞き返してきます。

「従業員へ期待すること」はスラスラ出てくるのに、「従業員へ貢献できること」はうまく出てこない社長は多いです。期待していることは普段から考えたり口に出したりしていても、貢献できることは考える機会が少なく、パッと出にくいのでしょう。

なお「期待」は、出てきた回答を「感謝」と「要望」の2種類に分けます。**感謝とは「今もできていて、これからもやってほしいこと」であり、要望とは「今はできていないが、これからやってほしいこと」です。**

たとえば社長から「〇〇をAさんに期待している」という話を聞いたとき、「Aさんは今もそれをやっているんですか?」と尋ねます。それに対して「そう。今もやってくれているんですけどね」と言ったならば、「じゃあ、それは期待というより感謝ですね」と伝えます。「いや、今はやっていないんだけれども今後はやってほしいんだ」というのであれば「それは要望ですね」と言います。

この社長からヒアリングした「期待」と「貢献」の内容を手元に控えて、従業員面談に臨みます。

たとえばAさんとの面談で、いきなり社長からヒアリングした内容を伝えるのではありません。まずはAさんから「会社に期待していること」を引き出していきます。

聞き終わったら、「実は、社長にも同じ質問をしました。社長がAさんに期待していることと、加えて社長がAさんに貢献できることも聞いてきました」と言いながら、両方の内容を伝えていきます。

社長がAさんに「期待していること」を伝えると、Aさんはおおよそ想像の範囲内という感じで納得の表情をすることが多いですが、「**貢献できること**」**には**「**社長がそこまで考えてくれていたんだ**」**と、ハッとした反応が見られることが多い**です。

その後、改めて、Aさんに「会社に期待していること」と「会社に貢献できること」の両方を聞いていきます。

以上の流れで聞いていくと、自分自身が社長に認めてもらえていることが伝わるため、ポジティブな言葉が飛び交いやすくなるのです。

意識しないと、期待ばかりを相手に伝えてしまいがちです。期待だけ持ち続けると「依存」が生まれ、貢献だけ持ち続けると「奉仕」になります。期待と貢献がバランスよく存在することで「自立」が生まれます。

だからこそ、期待だけでなく、貢献の言語化をセットで行なって、伝わるバランスを整えることで、**人が自立的に動くきっかけを作る意図がこの面談にはあります。**

並行して、社長と「ミッションの言語化」の続きをします。1カ月目のセッションでどれだけいいものができても、「完成」とはしません。少し時間をおいて、2カ月目に

「本当にこれでいいのか」というセッションをしながら完成に向かいます。

それができたら、次に社長との「バリュー案の言語化」に移ります。この時点ではあくまでバリュー「案」です。71ページのスケジュール表に「ＨＷに持ち越す可能性あり」とありますが、ＨＷはホームワーク、「宿題」です。

この段階のバリューの作成では、「バリューってこういうものだから、作ってきてください」「単語でいいですから」というように、大雑把にお願いします。

その理由は、この段階で完成度を高めたくないからです。完成度が高いと認めてしまえば、社長は「これがいい！」と決めたくなりますが、従業員の意見を反映させる余地を残しておきたいのです。社長がトップダウンで決めてしまうと、従業員にとってバリューが「自分ごと」にならないからです。

【３カ月目】ビジョンの言語化／「バリュー策定説明会」の実施

３カ月目にすることは、「バリュー案の言語化」と「ビジョンの言語化」です。「未来に何を実現したいのか」について考え、言葉にしていきます。

ミッション・ビジョン・バリューのうち、社長がもっとも言葉にしやすいのは「ビジョ

	状態	影響	感情
自分（自社）			
相手（お客様、家族など身近な人）			
取引先や業界（あなたのことを知っている人）			

ビジョン実現イメージシート

ン」です。常に未来のことを考えているのが社長だからです。

しかし、言語化しやすい一方で、往々にして他人に伝わらないビジョンを描きがちでもあります。自分視点になりすぎるために、相手に魅力的に伝わる言葉にならないのです。なので、ビジョンの言語化はツールを使って時間をかけることにしています。

そのツールが上の「ビジョン実現イメージシート」です。

これは、自分（一人称）が未来に得たい状態（ビジョン）を実現したときに、お客様や従業員や家族（二人称）はどんな状態になっているか、取引先や業界（三人称）はどんな状態になっているかをイメージし、それぞれの「影響」と「感情」とをいっしょに言語化していくシートです。

たとえば、ある飲食店があったとしましょう。その飲食店が未来に得たい状態は「年商10億円」だったとします。

そこでストレートに「年商10億円の実現！」というビジョンを掲げたことを想像してください。そんな自分本位なだけのビジョンに、誰が興味を持ってくれるでしょう。お客様にも従業員にも取引先にも共感されにくいでしょう。

理想的なビジョンとは、たくさんの人に共感され、応援されるビジョンです。だからこそ、「自分が未来に得たい状態」において、お客様や従業員がどうなっていれば、共感され応援されうるのかを具体的にイメージしてみることが大事です。

年商10億円とは、客単価5000円だとすれば年間20万人。年間20万人ということは、一日あたり約550人。それを一店舗あたりに換算すれば……というように、どんどんイメージを具体的にしていきます。

そして、その数字をイメージしたときの店舗の賑わいや活気、従業員のやりがいや給料などを考えながら言葉を選んでいきます。

仮に、お客様の「ごちそうさま」の声が聞こえるやりがいや活気にあふれる未来をイメージしたのであれば、「やりがいと活気にあふれた空間で、20万人の皆さまのごちそうさまをお聞きする」のような言葉に落とし込んでビジョンにできるわけです。

「年商10億円の実現！」

「やりがいと活気にあふれた空間で、20万人の皆さまのごちそうさまをお聞きする」

この2つは、目指す状態は同じですが、その状態に存在しているステークホルダーをイメージできたかどうかの違いがあります。

そして、これと同時に全従業員に対して「バリュー策定説明会」をします。バリューとは何かを説明し、作り方を示します。そして、1週間後ないし2週間後までに、それぞれのバリュー案を作って提出するように伝えます。

また、バリュー策定説明会で「場づくりの重要性」という話もします。作ったバリューをどういう場を用いて活用していくのかということをうまく伝えておかないと、作るだけで終わってしまう可能性があります。詳しくは97ページで解説します。

【4カ月目】全従業員から提出されたバリュー案をすべて読み、仮完成させる

4カ月目は、従業員全員から提出してもらったバリュー案を私がすべて読んで一覧にまとめ、社長と一緒にバリューを仮完成させます。

2カ月目に実施した「期待と貢献」面談によって、全従業員の顔と名前がある程度一致している状態ですから、一人ひとりのバリュー案を読みながら、誰がどんなことを言っているのかをしっかり理解していきます。

ここで心掛けるべきなのは、「**社長が言いたいことを従業員の言葉を使って作る**」ことです。つまり、「社長の言いたいことが従業員の言葉の中に入っているか」を確認しながら、全員にとって自分ごとになるバリューを目指すのです。

【5カ月目〜】「バリュー完成ミーティング」を開催する

仕上げとして、社長および全従業員に向けて「バリュー完成ミーティング」を行います。ここでのファシリテーションのポイントは、4カ月目の社長との打合せで仮完成したバリューを一つひとつ紹介していく際に、個々人に目配せをしながら「あなたの案はここに入っている」「あなたの案もここに反映されている」というアイコンタクトを思い切り強調することです。

「あ、めっちゃ私の案が採用されてる！」「ここに採用されるとは！」と、全員に思ってもらいたいからです。もちろん、中には提出した言葉が直接的に採用されない人もいますが、そこは拡大解釈しながら、ひとり残らず全員が必ずどこかに関与していることを示します。

ここまでの過程を経たあと、理念「浸透」のプロセスに入っていきます。ですから6カ月目は、実質的に新たに取り組むべきことはありません。ただし、「バリュー完成ミーティング」は1回で終わらないことが多く、6カ月目にまた開催することも多いです。

ここまでが理念策定の流れです。

一連のプロセスの中で一番良くないのは、従業員に「**この作業は、何のためにやっているのか」と疑問や迷いが生じること**です。それを避けるためにこそ、各プロセスで双方向になるように意識しているのです。社長と対話する一方、「期待と貢献」について全従業員に確認していくのも、それが理由です。

このような対話を重ねながら、社長が従業員一人ひとりの価値観を理解し、会社の現状について徐々にフォーカスが合っていきます。

企業規模にもよりますが、従業員一人ひとりが現場で何とどのように格闘しているか、そこでどんな喜怒哀楽を味わっているか、社長はすべてを知っているわけではありません。そこで私が媒介となって社長と対話し、一方で従業員全員と面談をする。

このプロセスは、特にバリュー策定にあたって重要です。お互いが見ているものが違ったままでは、共通の価値にたどり着くことはできないからです。

理念策定の6カ月の過程を俯瞰すると、随所で対話が起こり、それをときに集約して社長に伝え、逆に社長から従業員に下ろしてというように、コミュニケーションがいろいろなところでグルグル動いている状況です。

最終的に理念という言葉を作り出すことが目的ですが、同時にチームビルディングが行われ、マネジメント力を強化する過程でもあるのです。

ミッションの言語化10ステップ

次に、全体のスケジュールの中でやることを、個別に詳しく解説していきます。

まず、1カ月目に社長が行なう「ミッションの言語化」について説明します。私がコンサルティングの際に使用する書き込み式のヒアリングノートの体裁になっていますが、社長が一人でこの10ステップを自問自答しながら進めてもらうことも、もちろん可能です。順に解説します。

① 自社のステークホルダーを図示し、「登場人物」を確認する
② 描いている事業構想、これから進める事業の方向性を書き出す
③ 事業を始めたきっかけなど、昔の行動要因を書く
④ 社長自身が仕事で大切にしていることを書く
⑤「仕事で大切にしていること」が、お客さんに与えた（与える）良い影響は？
⑥「仕事で大切にしていること」が、従業員に与えた（与える）良い影響は？
⑦「仕事で大切にしていること」が、地域社会に与えた（与える）良い影響は？
⑧ 社長が「仕事で大切にしていること」を改めて30個書き出す
⑨ 性質が似ている言葉を整理し、社長に重要度の優先順位をつけてもらう
⑩ 文章化する

ミッションの言語化10ステップ

①自社のステークホルダーを図示し、「登場人物」を確認する

自分の会社や組織がどんな登場人物に囲まれて運営しているのかを、改めて考えてもらいます。最初にこれを行うのは、ミッションを言語化する上で、社長が自分視点に固執するのを避けるためです。ステークホルダーの視点を意識するために、図にするのです。

②描いている事業構想、これから進める事業の方向性を書き出す

第1章で私は、ミッションとは「過去」をひも解いて言語化したものと書きましたが、

ここではあえて「現在」と「近未来」を聞いていきます。その理由は2つあります。

一つは、「これから〇〇したい」という言葉の中にも、ミッションの材料はあるから。もう一つは、過去の話を聞くとネガティブな話を始めるケースが少なくないからです。

当然ながら、過去に起きた事実は変えられません。このセッションをポジティブな空気で始めたいので、現在から近未来を先に聞くようにします。もし、未来をネガティブに語るようなことがあれば、ミッション策定は中断します。ミッションよりも現状の問題解決のほうが優先されるはずだからです。

③事業を始めたきっかけなど、昔の行動要因を書く

未来を語ってもらった上で、「そういう未来を描いた動機や源泉を聞きたい」と伝え、事業を始めたきっかけなど、昔の行動要因をヒアリングします。

事業の歴史から今後のストーリーをなぞるイメージで、社長の歴史を頭の中に描きながら「そういえば、私はこういうことをやっていたんだ」と確認していきます。

④社長自身が仕事で大切にしていることを書く

次に、基本的な思想を聞きます。私は「今まで経営課題を乗り越えるときにどのようなことを大切にしてきましたか」というように、あえて漠然とした質問をします。

それで答えにくい場合は、「『従業員を大切にしてきた』とか『チームワークだ』とか、『いやいや、お金だ』とか、『自分の判断だ』とか、どんなことでも構いません」などと答えやすくしていきます。

ミッションの言語化にあたってはこの④が重要で、ここで出てきた内容を⑤⑥⑦の質問に派生させていくことになります。

⑤「仕事で大切にしていること」が、お客さんに与えた（与える）良い影響は？

⑥「仕事で大切にしていること」が、従業員に与えた（与える）良い影響は？

⑦「仕事で大切にしていること」が、地域社会に与えた（与える）良い影響は？

「与えた（与える）」というのがポイントで、「いや、与えた影響なんてないよ」と言われたら、「じゃあ、これから与える影響ってどんなものがあると思いますか？」と切り返します。こうすると無回答にはなりません。同じように、⑥⑦を聞いていきます。

こうした問いかけによって、日頃は意識してこなかった価値観や、実現してきたことをあらためて確認することにもつながります。

④から⑦は多くの場合、何度か繰り返すことになります。④で出てきた内容は一つとは限らないからです。一つ聞いたら戻り、④⑤⑥⑦を繰り返し聞いていきます。

⑧社長が「仕事で大切にしていること」を改めて30個書き出す

ここまでくるとちょっと苦行のようになってきて、社長も辛くなってきます。そこで、社長に任せるだけでなく、私も一緒に、コンサルタントとして社長が仕事で大切にしていることを予想して30個書き出します。ですから、合計60個の項目が上がります。

⑨性質が似ている言葉を整理し、社長に重要度の優先順位をつけてもらう

性質が似ている言葉というのは、たとえば「信用」と「信頼」などを指します。これらを整理するうちに、私の頭の中で社長の価値観が理解できるようになっていきます。

「重要度の優先順位をつけてもらう」というのは、「あえてベスト5を選んでください」

というかたちで、順不同でかまわないので5個を決めてもらいます。

2個から3個ならば直感的に選べても、5個となるとほとんどの社長が少し間を置き、考えながら選ぶことになります。この「考えながら選ぶ」という行為が、自社にとってどんな価値観が必要なのかを改めて確認する時間にもなるのです。

⑩ 文章化する

最後に、⑨で選んだ5個を使って、文章にしていきます。

「自分の想い・スキル・行動をもってして、相手をどんな状態にするのか」というのが伝わるミッションの型です。

社長からはいろいろな言葉が出てきますが、多くの社長が「笑顔」「チームワーク」「努力」などを挙げます。こうした言葉が出てきたときは、「笑顔って誰の笑顔ですか？」「社長や従業員の笑顔ですか？　お客様を笑顔にしたいということでしょうか？」と質問します。「笑顔」という言葉が「自分の想い」にあたるのか「相手の状態」にあたるのかを確認するわけです。

同じ要領で、社長が選んだベスト5の言葉について、「何にあたるのか？」を具体的に聞いていきます。

ポイントは「相手の状態」が言葉に出来ているかどうかです。「自分がどうあるか（想い）」「自分がどうするか（スキル・行動）」だけでなく、「相手がどうなるか（状態）」が言語化できてこそ相手の興味や共感が生まれ、「伝わる」ミッションになります。

「笑顔とかチームワークを大事にしながら、相手にどうなっていただきたいんですか？」と私が質問し「それやったら、相手にこうなってほしいな」と社長が答える。そのようなやり取りを通じて、適切な言葉や表現を探っていくのがミッションの言語化です。

「自分の想い」は「Ｗｈｙ」の部分です。「自分のスキル、行動」はＨｏｗ。そして「自分がどうなりたいか＝自分の状態」がＷｈａｔですが、これは言語化しません。

自分の状態を言語化しても、決してお客様や自分に関わるステークホルダーの方々に響くミッションにはなりません。**お客様やステークホルダーの方々からすれば、そのミッションに自分が登場しない限りは、どこまでいっても他人事だから**です。

「自分のＷｈｙ、Ｈｏｗをもってして、相手のＷｈａｔをどう作るのか」というのがミッションの型だ、ということです。相手の状態を最後の述語として言語化することで、相手側に伝わるミッションができていきます。

ただし、私がセッションをするときには、この「型」はあえて社長に明示しません。多

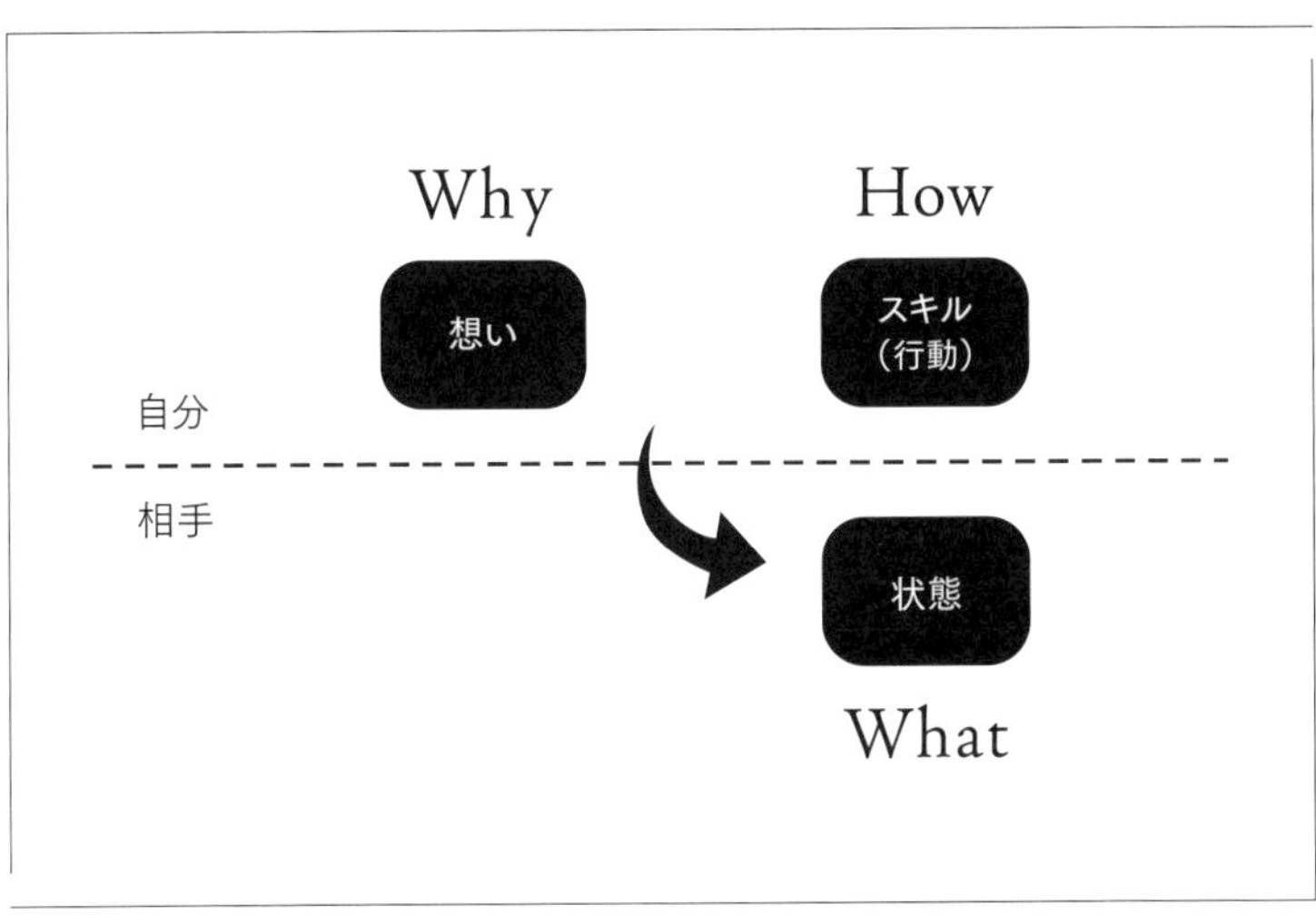

ミッションの言語化とは自分の「Why」と「How」で相手の「What」を作ること

くの社長には「自分を型にあてはめられたくない」という思いがあるからです。「型」はあくまで私の頭の中にだけあって、結果としてこうだった、という状態を作るようにしています。

なお、この型はサイモン・シネック氏による著書『WHYから始めよ！』（日本経済新聞出版）の「ゴールデンサークル」理論を参考にしています。

「今までの人生で充実していた出来事」を思い出すワーク

次に、70、71ページの全体スケジュール下段「②従業員とのバリュー策定」のパートについて、全般的に説明していきます。

まず、1カ月目に実施するのが「成果が生まれる自立的思考と行動」の研修です。これは、過去の自分を振り返り、ワークを通して「成果を上げる方法」について考えてもらう研修です。結果的に「**自分の中にも、成果を生むための材料や価値観がある**」ということに気づいてもらうことが最大の目的です。

まず、そもそも「成果を上げるとはどういうことか」についてレクチャーします。仕事の場面だけに限らず、たとえば「モテたい」「かっこ良くなりたい」「いい服を着たい」「何かを良くしたい」など、誰にでもある欲や願望を実現することが「成果を上げる」ということです。55ページのコラムで示した「成果へのプロセス図」を使いながら、「**行動と気持ちの掛け算で成果は上がる**」ということを説明します。

「成果を上げるためにはどうすればよいか」と私たちは考えがちですが、「どうすれば」

と考え始めた時点で、目に見える行動にしか焦点が当たらなくなります。近視眼的になると、成果に結びつきにくいのです。

目に見えない部分を整えることによって、目に見える行動が変わり、成果が生まれていきます。私の理念策定、理念浸透の考え方の核心はここにあります。

ただし研修の中では、このような理屈っぽい説明はしません。「思考と感情を整え習慣に変えて、良い習慣から良い行動が生まれるからこそ良い成果が生まれる」のように、「流し気味で聞いてください」と言いながらサラっと説明します。後から「ああ、こういうことだったのか」と実感を伴って思い出してもらうほうがいいからです。

そんな話をしたあとで、一つのワークをしてもらいます。テーマは「**今までの人生で充実していたと思う出来事を一つ思い出してください**」。

今が充実しているならば今のことでよいし、学生時代のことでも構いません。これを、全従業員に考えてもらいます。そう言われてピンとこない方もいらっしゃるので、私は自分自身の経験をベースに具体例を挙げます。

「私は、事業を潰してちょっとした借金も抱えて、毎日8時間勉強して税理士になりました。当時はお金もないし、自分でも『何してんねん』と思っていましたが、今、振り返ればそのときは一心不乱に勉強していて、実は充実していたのです。そこで培ってきた力が今に生きていると思います」

わたしがそんなふうに話すと、たとえば「頑張っていたこと」を「充実していた」という話で捉え直しやすくなります。

出来事を一つ思い出してもらった後は、3人1組、もしくは4人1組に分かれて、それを話し合ってもらいます。多くの場合、非常に盛り上がります。

過去の事実は否定できない

ひと通り対話が終わると、ここからがワークです。わたしがこう告げます。

「今、みなさんが自分でしゃべったことや、誰かの話を聞いたことの中で、共通するキーワードがいくつかありませんでしたか？　それを確認して、教えてください。後ほど、すべてのグループに聞いていきます」

たとえば、「しんどかったけど頑張った」と話した人が4人中2人いたら、それは共通するキーワードとします。共通するキーワードを発表してもらい、私はそれらをホワイトボードに書いていきます。そしてこう言います。

「今、このホワイトボードに書かれている言葉は、みなさんの人生を充実させるにあたって大切にしてきた、みなさんの人生と密接に関わっている言葉です。たとえば私が、『こんな言葉を大切にしたところで、そんなんで人生充実なんてしないですよ』と言ったとしたら、みなさんどう思いますか。『そんなことはない。わたしはこれで実際に人生を充実させてきたんだ』と反発したくなりませんか」

「みなさんがこのキーワードを大事にしながら人生を充実させてきたことは、誰にも否定できない事実です。そうであるなら、これらの言葉を大切にしていけば、これからの人生を充実させるきっかけが生まれる可能性も高いのではないでしょうか」

「今日の研修は、これでほぼ終了です。今後、これらのキーワードをこれからの仕事や人生にどのように活用していくのか、改めて考えていただく機会を設けています。その際に使いますので、キーワードを絶対に忘れずにメモに取っておいてください」

これは、3カ月目に実施する「バリュー策定説明会」への布石です。私が特に意識的に話しているのが「事実は否定できない」という点です。

たとえばキーワードの中に「努力」があったとすれば、わたしが「みなさんが努力というキーワードを大事にしながら人生を充実させてきたことは、誰にも否定できない事実です」と言った時点で「努力なんてするべきではない」と誰も言えなくなります。

要するに、**ポジティブな言葉を否定させない仕組みを最初に作る**のです。

以上のような流れで進める「成果が生まれる自立的思考と行動」の研修は、所要時間としては1時間ほどです。しかし、最終的な効果は大きく、従業員のみなさんが理念やバリュー策定に取り組む姿勢そのものを変えることになります。

ちなみにこの研修を社長が進める場合、気をつけていただきたいのは、ステークホルダーへの意識、**とりわけ「従業員の視点」**です。社長はどうしても「会社のため」「会社を良くするため」という視点に偏って話しがちになりますが、その視点と同じくらいに「従業員のやりがいや給料を高めていきたい」という視点も交えながらこの研修の目的を語ることで、従業員に伝わりやすくなります。

また、研修を主導するのはどうも苦手だという社長は、全体ミーティングなどで、次の3つの点を伝えてもらうだけでも、効果はあります。

①55ページの「成果へのプロセス図」を使いながら「行動と気持ちの掛け算で成果は上がる」ということ

②「みんなの充実していた出来事はどんなことですか？」と聞きつつ、自分の充実体験を手短に語る

③そのときに大切にしていたキーワードは今後の人生の充実にもつながること

「従業員が辞めるかもしれない」と告げる理由

ここまで理念策定の流れと、研修内容をご紹介してきました。

理念について私に相談しようとする社長は、その時点ですでに「本気」です。しかし、実作業に入るにあたって私は、本当にやるのかどうか、社長の「覚悟」を問うことにしています。私はこのように言います。

「一つ、あらかじめお伝えしておきます。社長の想いや従業員の想いをしっかり理念として言葉にし、浸透を進めていくと、従業員が辞める可能性があります。そのリスクがあるとわかった上で進めていく覚悟はお持ちですか？」

ある社長は「めっちゃやりたいんだけど、それはダメだ」とおっしゃいました。ある一人の従業員の存在がネックだったのです。「ある従業員が和を乱しているんだけど、いま辞められたら仕事が回らなくなるわ」と。

そこで保留になったのですが、1年後、「もう辞められてもいい。それでも理念が必要だし、成果を上げなければならない」とおっしゃって契約に至りました。

私が念を押して確認したいのは、社長自身が変化する覚悟を持っているかどうかです。**プロジェクトを主導する社長やリーダー自身は変化しないままで従業員を変化させたい、という姿勢ではうまくいきません。**

「従業員が辞めるかもしれません」とあらかじめ言うのは、理念策定・浸透・実践の過程で、従業員一人ひとりの価値観を検証する作業をともなうため、社長が抱いている価値観と合わないことに気がつく従業員が出てくる可能性があるからです。

つまり、**今までうやむやにしていたものが鮮明になっていく**ということです。思うところをみんながオープンにし、テーブルにあげるわけですから、「この会社は自分の価値観とは違う。出て行かざるを得ない」ということが当然のように起こります。従業員のほうも、隠れて社長の悪口を言っているような場合ではなくなるのです。

――成果は「人」ではなく「場」から生まれる

理念には、そのような「副作用」はあり得るにしても、「本作用」のほうがはるかに大きいものです。

「社長の思いを踏まえて従業員との対話を重ねていく。しかも、多数決によらないで意見集約を図る」というプロセスは、個々の関係性に変化をもたらし、「場の空気」「場の力」をより良くしようという意識を醸成します。

その結果として、組織やチームが「**互いを尊重しながら率直に意見を言い合える状態**」になります。「尊重」と「率直」は両立できます。「尊重」だけだと遠慮に近くなり、「率直」だけだとぶしつけになりがちです。尊重と率直を両立させるからこそ、わだかまりをできる限り少なくした上で、成果に向けた動きへフォーカスできるのです。

この両立状態を成立させるために私が心がけているのは、「**否定しない**」ということに尽きます。「それって違うよね」という表情や言葉や姿勢を絶対に出さない。どんな意見が出てきても、頭の中ですべてを積み石のように重ねていくイメージを持ってミーティングをします。

3カ月目の「バリュー策定説明会」で必ずみなさんにする話が「場づくりの重要性」です。否定しない空気を積み重ねるのも、このためです。

「場づくり」が重要な理由は、成果は場に生まれるものだからです。**成果とは人に紐づ**

くものではなく、場に紐づいているのです。これは理念づくりに限らず、マネジメントにおいても大切な考え方です。

私という外部の人間が一人で成果を生めるかというと、そんなことは絶対にありません。クライアントの方々と私との場が「良い場」になった結果として成果が生まれます。会社の中の人間関係も同じことで、社長と従業員の間、上司と部下の間が「良い場」になり「良い空気」が生まれるからこそ成果が出る。

ですからバリュー策定説明会では「成果というのは人と人の間にある場を良くすることによって生まれるものだ」という話をします。「自分を良くしよう」ではなく「場を良くしよう」という意識があれば、成果は生まれ続けるはずなのです。

「心理的安全性」が高い場の3条件

では、成果が生まれやすい場とは何かというと、心理的安全性が高い場です。心理的安全性を生む要素は、**①表情、②言葉、③姿勢**、の3つです。**かつ、①②③の順番通りに生まれることが多いのです。**

たとえば、病院の受付スタッフで、従業員と患者さんとの間で心理的安全性の高い場を作ることを考えてみましょう。

あなたが患者さんとして病院に入り、受付スタッフの表情が暗く、受け答えの声も小さく元気がない、動きの機敏さもなくダラッとしている。そんな場面に遭遇したら「なんか嫌な感じだな」という気持ちになるでしょう。

逆に、病院に入るなり、マスク越しでもわかるくらいに豊かな表情で対応していて①、近づいたときにはこちらの体調を配慮しながら優しく語りかけてくれると②、自然とホッとし自然と場の空気が良くなります。

さらに会話を続けているとその受付スタッフの表情と言葉だけじゃなく、対応してくれている姿勢や動きも視野に入ってきて、その姿勢がきちんとしたものだと「気持ちの良い人だな」と感じ、大きな安心感が生まれます③。

①②③の順に、人と人との間に「よい場」が作られていくのです。

ただし、**「意識しているときだけ」こういった場づくりができるのでは、まだ心理的安全性が高い場とは言えません。**理念浸透に取り組むことで、心理的安全性につながる表情、言葉、姿勢がほとんど無意識にできている状態にすることで、心理的安全性の高い場が常態化し、その場から生まれるスタッフと患者さんの行動がより質の高いものになり、求める成果に結びついていくわけです。

生産性の高いミーティングのポイント

「バリュー策定説明会」では、心理的安全性が高い場作りについて話したあと、すぐに実践できる方法を伝えます。それは「生産性の高いミーティングの運営」です。

生産性の低いミーティングには、決まって「意見が出ない」「否定感がある」「消極的」などの共通点があります。

そういったネガティブな空気を一掃するにはどうするべきか？

ポイントは「**アイデアを出す時間と、アイデアを選択する時間を必ず分ける**」ことです。これをグランドルールに敷いてミーティングを運営していきます。

アイデアというのはいつも「生まれたて」であり、言い換えれば「思いつき」です。「根拠は？」と言われても、根拠が薄いこともあるでしょう。アイデアを出した時点で否定されれば、誰もが意見を言いにくくなります。

ですからまずは、たとえば15分や20分と決めて「アイデアだけを出す時間」を作る。制約のないアイデアが出尽くした後で、ベストなアイデアを選択する時間を設ける。アイデアの分母を最大にした後で選択できるから、生産性が高くなるのです。

これが、5カ月目に実施する「バリュー完成ミーティング」の布石になります。バリュー完成ミーティングでは、仮完成したバリューを従業員全員で確認していきますが、往々にして「できる・できない」「良い・悪い」の議論になりがちです。

バリューは「価値観の言語化」ですから、正解はありません。その組織にとってベストな価値観を探っていくだけであって、良いも悪いもないはずです。しかし、**「できる・できない」「良い・悪い」の判断が入ってくると、価値観自体を否定するような空気になってしまう**のです。

だからこそ、アイデアを出す時間と選択する時間は必ず分けて、否定ではなく、あくまで「選択」していくという意識を根付かせることが、理念策定の最終段階で生きてくることになります。

「バリュー完成ミーティング」のポイント

最後に「バリュー完成ミーティング」について説明します。

79ページで述べたように、4カ月目に従業員のみなさんがつくったバリュー案をすべて読んだ私が一覧にまとめ、社長と一緒にバリューを仮完成させ、それを示しながら「どういう言葉だと伝わるのか」を話し合い、最終形にしていくミーティングです。

まずは事前準備として、**ミーティング開催の数日前までに仮完成バリューを全従業員に配布し、事前に目を通しておいてもらいます**。ミーティング当日にいきなり配布して意見を求めても、仮完成バリューにどんな文言があるかの理解に時間がかかるため、良い意見が出にくいからです。

事前準備を整え、バリュー完成ミーティングをスタートさせたら、バリュー一つひとつを読みながら、意図が伝わるか、表現が伝わるか、どのバリュー案が組み合わさっているかを従業員のみなさんに伝えていきます。また私は案を出してくれた人が誰だったかをある程度覚えておいて「あなたが作ってくれましたね」という感じで目配せしながら伝えて、全員にとっての自分ごとになるように意識します。

ただし、**目配せはあくまで目配せであり、個人の名前を口頭で挙げたりはしません。**「あなたの案が採用されています」などと名前を挙げると「俺は少なかった」とか「私は多かった」などと、モチベーションに差が生まれてしまうためです。

たとえば仮完成したバリューが15個あるとして、それを私は2周読み上げていきます。1周目は、従業員のみなさんに「気になったところはメモしておいてください」と伝えて、意見は求めません。まずは全部を確認するのが目的です。1番目のバリューでは言えていないことがあっても5番目のバリューで補完されている、などということがあるので、意見を言ってもらうのは全体のバランスを見渡したあとにするのです。

2周目は、再度最初から順に読み上げながら、1周目でメモ書きした意見を発表してもらいます。意見が出にくい場合は、いきなり発表を促すのではなく、近くの人とペアやグループになってもらい、意見をまとめて発表してもらうこともあります。そして進行役の私は、それぞれのバリューについて出た意見をホワイトボードに書き記します。

ここからは空気を読みながらの進行になりますが、しばしば満場一致で「これに変えたほうが良いよね」というバリューが出てきます。

たとえば病院のバリュー案の中に「患者様」と表記されていたものに対して、「いや、うちの病院って患者様とは言わないよね」「いくら書き言葉でも『患者さん』のほうが良いんじゃない？」といった意見が交わされます。そこで、「そうだよね」と合意が生まれたら、もう満場一致で「患者さん」とします。

意見が分かれるものについては、時間があればその場で議論しますが、時間がなければいったん据え置きとし、後日みんなで話し合ってもらうように促します。

大事なことは、前述したとおり**多数決で決めない**ことです。多数決を実施した時点で、少数派の人たちが理念を自分ごととして捉えなくなるからです。

すべてのバリューについて意見交換が終わったら、修正したバリューと後日検討してもらうバリューを確認して、ミーティング自体は終了です。

ここで一つ、本筋のスケジュールと離れたコツがあります。

ミーティング終了後できるだけ早く、今回修正したバリューと検討してもらうバリューを整理し、「もし私が修正するとしたらこうします」と私の意見を書き添えて、社長や従業員代表にメールを送ります。

私という部外者の意見を書き添えることが効果的なのです。

「あ、なるほど、そのほうがいいかも」という賛同が返ってくることもあれば、「その表現は違うんじゃないか」と私の意見が否定されることもあります。

受け取り方はどちらでもよいのです。狙いは、**「よりよいバリューは何か」「変なバリューにされたら嫌だ」と、みなさんが主体的に動くための刺激になること**だからです。一度私が意見を挟むことで、従業員が真剣に再検討してくれて、その後あらためてバリュー完成ミーティングを実施する、という流れを作っていきます。

理念を「作るだけ」だと士気は下がる

以上、理念「策定」のプロセスを、ひと通り説明しました。

日ごろはあまり考えないことを考えてもらったり、社長に大切にしていることを30個も書き出してもらったりと、負荷がかかる局面もあります。

ただ、これをやりきってから浸透・実践へと進むと、組織の中に大きなプラスが生まれることは多くの事例から明らかです。第3章からは、その効果・効能について、事例をもとに詳しくお伝えしていきます。

第2章の最後にお伝えしたいのは、理念は浸透・実践されてこそ意味があり、理念を作るだけだと逆に組織の士気は下がるということです。

「作らない」よりも「作るだけ」のほうが士気が下がるのです。

これはなぜかというと、**「期待を上げてから下げる」ことになるから**です。

理念を作っただけで、日々の仕事や組織風土に何の変化もなければ、従業員は「あの時間は一体なんのためだったのか」となりますし、「作ってもなんも活用してないやん」「お金の無駄だったやん」「その分を給料に回してくれよ」と士気はどんどん下がっていきます。

だからこそ、私は浸透・実践の段階で変化が見えるまで必ず伴走します。理念に書いてある内容が従業員の日々の行動の中で言行一致させることができれば、士気は上がります。

ただし、いきなり「言行一致できる」状態を目指す必要はありません。理念ができたあとは、言行一致「できるか」「できないか」が問われますが、「できるか」「できないか」の間に「やろうとしている状態」が必ずあります。

ファーストステップは、この「やろうとする」文化を作ることです。

現状はできていなくても、「やってみよう」と従業員が行動を変えようとしていることが感じられれば、まずはＯＫ。成果の前にはプロセスがありますから、結果が出る前の「やろうとしている状態」を認めることが大事です。

改めて強調しますが、理念を作る目的は、実践し、浸透させて「成果を上げる」ためです。理念の完成はあくまでスタート地点です。完成させることだけが目的化すると、実践できない、活用できない、浸透しない理念になってしまいます。

ここまで述べてきたように「プロセス」に注力し、派遣やパートの方々を含めた全従業員が「自分が関わった」という実感を持つことができれば、実践・浸透しやすい理念になるのです。

たとえるなら、理念策定は「お祭り」のようなものです。学校の文化祭でも地域のお祭りでも、主催者にとっては当日よりも準備が面白いものです。その準備に関わらせないで「祭りの当日だけ来てね」と言われても、自分ごとにならず、きっと面白くもないでしょう。

全員が準備にどっぷりと関わって、「みんなの力を合わせたんだ」と実感できてこそ、自分ごととして忘れられないものになり、実践・浸透のプロセスもワクワクしながら進めることができるのです。

第2章まとめ　リーダーのためのアドバイス

この章では、理念の作り方について語りました。

本書は全体に私自身がコンサルタントとして組織に入って実践していることを紹介していますが、第2章以降、みなさん自身で理念をつくり、実践することを想定し、章の内容をふまえた「リーダーの行動」をサポートするためのヒントをまとめます。

理念を作るかどうか、
それが本当に必要なのか

「実現しない理念」を作る必要はない。だから、理念が必要なのかどうか考えよう。
その前提として、今の組織がどのような状態にあるのかを知ろう。たとえば、業績はどうか。メンバーの気持ちはどうか。両者は往々にして連動するもの。リーダーとして「課題」を客観視し、**理想と現状の乖離を検証する**ことは欠かせない。

みんなで話し合い、共通する価値観を浮き彫りにする

本章で示した理念策定は、経営トップ自らが動く大掛かりなものだ。たとえ、あなたの組織でそこまでするのは現実的でなくても、現場の判断基準となる「バリュー」は作ることができる。

まず、**リーダーがメンバー全員を巻き込んで対話を重ね、共通する価値観を洗い出す**。そこがスタート地点だ。

その際、「チームがどういう人たちと仕事をしているか」を洗い出し、さらに「自分が仕事で大切にしていること」について意見交換する。

こうした対話を通して、自ずとチームビルディングができる、ということを知っておいてほしい。業績という成果を上げようとすると、どうしても「みんなの行動」に

フォーカスしがちだが、とかくそれは近視眼的になり、個人攻撃になる恐れもある。目に見える「行動の質」を上げたいのなら、目に見えないところを整える必要がある。目に見えないところとは、たとえば「一人ひとりの気持ち」「やる気」など。

それを話題にするためには、「今までの人生で充実していたと思う出来事を一つ思い出してください」という問いかけが有効だ。経験的には、この対話はとても盛り上がる。それは、事実に基づく話題であり、誰にでも語るネタがあるからだ。

これはメンバー同士が「お互いを知る」ことにつながり、「目に見えないところ」を言葉にすることができる。それを踏まえれば、チームで「共通する価値観」「共通する目標」を設定するまでは、あと一息だ。

加えて言うなら、**みんなが安心して話せる空気を作る**ことがリーダーの役割だろう。「ファシリテーション」や「心理的安全性」については、本書以外からも学んでおくとよいと思う。

事例2

マザーズインダストリー

コロナ禍の苦境を「言葉の力」で乗り切る

創業時から理念を重視し、従業員の行動の基軸に据えてきたアパレル企業「マザーズインダストリー」は、コロナ禍の苦境を「ファッションで人を笑顔にする」というフィロソフィーに基づいて全員が力を結集することで乗り切ってきました。

毎年バリューを更新する理由

大阪に本社を置くマザーズインダストリーは、「mizuiro ind（ミズイロインド）」

などのオリジナルブランドを持つアパレルメーカー。従業員数250人ほどの企業で、2016年から私が関わり、理念策定・浸透・実践を進めてきました。

この会社がユニークなのは、**バリューを毎年策定し直していること**です。従業員の間では、年度の目標設定・予算策定とバリュー策定がセットになっています。それによって「納得の判断を最速で行動に移すこと」を可能にしています。

社長の笹野信明さんと本社の幹部を中心にフィロソフィー（Why）、ビジョン（What）、カルチャー（How）を作りました。

そして、この会社が「バリュー」と表現しているものは、各部署ごとの具体的な行動指針（How）を示すものであり、その部署の従業員全員で作りました。

マザーズインダストリーにとって、理念を基盤として事業を推進することは、ごく自然なことでした。笹野社長はこう言います。

「2003年に独立し、この会社をスタートさせた時からクレドをつくっていました。仲間が集まってきたときに迷わないため、また自分も間違えないためです。『なんのために会社が存在するべきなのか』という理念が必要だと最初から考えていました」

クレドは当初から従業員の判断軸になり、会社は順調に成長してきましたが、とりわけコロナ禍で真価を発揮することになりました。

業績悪化で借入金を増大させた理由

コロナ禍で街から人影がなくなり、アパレル業は軒並み業績悪化。マザーズインダストリーも例外ではありませんでした。クレドを重視する同社は、この試練に際しても、まず「カルチャー」と「バリュー」を見直そうということになりました。

市況が変化すれば、当然予算も変わります。「どのように行動してどれほどの数字を上げるか」という事業の道筋が変わるため、バリューも変える必要があったのです。

ただし「有事」であったため、平時のように従業員全員でバリューを策定し直すのではなく、笹野社長自身がバリューの原案をつくり、従業員に示しました。

このときに笹野社長がとった行動で驚かされたのが、それまで借り入れを減らす方針で事業を進めていたにもかかわらず、借り入れを増やすと決めたことでした。「これまでと逆のことを言う」とした上で、借り入れを増やす意思決定を従業員に伝えたのです。

この時のことを、笹野社長は次のように振り返ります。

「キャッシュを増やし、従業員を安心させる必要があると考えました。何があっても従業員を守る意思を示すと同時に、今後訪れるチャンスをつかめない会社は厳しいと思いました。実際、この時期に新規出店もしました。『すべての人が知っているブランドになる』という理念に照らせば、行くべきときに行けないとダメだと考えたのです」

私は税理士でもありますが、財務面からみても時代を見据えた素晴らしい経営判断だったと思います。それが、理念にも沿った判断だったのです。

この時期は他にも、これまでと異なる判断がありました。常に自分たちの未来をイメージしながら仕事をする大事さを伝えていたところから、「今から2カ月は、毎日をベストでやってくれ」「明日はないと思ってくれ」と従業員に告げたのです。「こういうときこそ、ファッションで人を笑顔にするぞ」とも告げました。

これらはすべて、状況を踏まえてこれまでとは動き方を変えていこう、というメッセージでした。つまり、**フィロソフィーとビジョンは変えない。しかしカルチャーとバリューを見直して意識と行動を変える判断をした**のです。

これに対して従業員は、それぞれが担当する場所で応えました。緊急事態宣言で一気に売上は落ちましたが、たった3カ月で売上が前年とほぼ同水準に戻ったのです。全員の意思が統率されたことで、一気に流れを引き戻したのです。笹野社長は言います。

「クレドに基づき、みんなが前に進んでいけるようにするのが僕の仕事だと思っています。小売業全体が厳しい状況になって、他社からは給料カットの声も聞こえてきましたが、僕は安心して前に進むチームづくりにつながる判断を重ねていきました。むしろ、賃金アップしながら進んでいこうと考えていました」

「コロナ禍前のことですが、百貨店の閉店も相次ぎ、他社ではオンラインでの売上を増やそうという動きが顕著になりました。そのときも『それだけではマザーズインダストリーらしくない』と感じ、従業員にもそう言いました。もちろん売上は大事ですが、今のお客さまをどうやって笑顔にするか、中長期的な笑顔や安心感をオンラインとリアル店舗の特性を融合させながら生んでいくことが大事だと思ったのです。ディスプレイ越しにでも人は笑顔になれます。ただ、『ファッションで人を笑顔にする』というフィロソフィーは、オンラインとリアル店舗の現場の両方で実践できてこそ、実現に近づくものだと感じています」

理念が「実現」した現場をみんなで共有した

コロナ禍がいったん小康状態を迎えた2022年春、社内ミーティングでこの間の経験を報告し合う機会がありました。ある販売スタッフから、「戻ってきたよ！」と手を振ってくれたお客さまを見たときに涙が溢れた、という話がありました。

「これは、数字が取れるとか、そういう話を超えていると思うんです。他にも、お年を召されたご夫婦が来店され、奥さまは車椅子だった。うちの店に入ってワンピースを見て『素敵ね』と言ってくれたので、スタッフは『絶対に笑顔にするんだ』と思い、そのワンピースのご試着をお手伝いした。すると傍で寄り添っていた旦那さまが奥さまの喜ぶ姿を見た瞬間、目から涙が溢れたそうです。奥さまを元気にしたい、と考えて来店されたのでしょう。そのときに、他の来店されていたお客さまたちも、店のスタッフも、とても明るい空気に包まれたそうです」

「一緒に感動できる、ということも目標の一つなのですが、『ファッションで人を笑顔にする』という信念がなければこういうストーリーは描けないと思いました。そうした話題がなければ、ミーティングも『会社はどうなるんですか？』のような不安に飲まれる話に終始したかもしれません。理念があるからこそ、そうはならなかったのです」

その後も増収増益の基調が続くマザーズインダストリーでは、ミッション、ビジョン実現への取り組みが継続しています。「従業員みんながクレドを軸に話し合うことをさらに習慣化していくことが課題だ」と笹野社長は言います。

Mother's Industry Credo

PHILOSOPHY

ファッションで人を笑顔にする

VISION

全ての人が知っているブランドになる

CULTURE

今日を最高の一日にする
夢を持ち、元気に明るく仕事を愉しむ
何事にも誠実である
情熱をもって仕事に挑む
人に役立つ人となる
常にイノベーションする
クリエーター スピリッツを持ち続ける
想像力を沸き立てる
品を身につける

マザーズインダストリーのクレド・その1

MIND

GENERAL MANAGEMENT
人を育て、会社を永久存続させる

PRODUCT
最高の商品を生み出し、お客様を笑顔にする

RETAIL
最高の接客で、お客様を幸せにする

WHOLESALE
ブランドに誇りを持ち、最高の接客で最高の収益をもたらす

WEB
ブランドを世界に発信し、全てのお客様に感動を届ける

ACCOUNTING
正確かつ円滑な流れを持って、最高のキャッシュフローを築く

LOGISTICS
適時に最高の状態で商品を届ける

HUMAN RESOURCES
情熱を持てる環境と、安定した基盤を創り上げる

PROMOTION
最高のイメージ表現で、全ての人を感動させる

VALUE

PRODUCT

CREDOの体現・最高売上・最高利益の達成・プロダクト生産力強化

CREDOを体現するために、

- 【ファッションで笑顔にする】(笑顔＝満足＝売上) ことを常に行動の基軸とし、全スタッフがブランディングに携わっている意識を持ちます。
- コミュニケーションを取り、信頼関係を構築することでCULTUREを自然と体現出来る環境を全員で作ります
- マナーをしっかりと浸透させ、思いやりと気付きを持った行動を全員が行います
- 小さな事柄1つに対しても強い責任感を持ち、「報連相」を怠らず、全体の動きを把握し、全員でフォローをします
- チーム内のコミュニケーションを取り、全ての事を他人事にせず、誠実に業務に向き合います

最高の売上と利益を達成するために、

- 情報収集の強化と柔軟な思考を持って、ブランドらしさを追求します
- 品質・上代・原価率・L/Tを考え、バランスの良い商品作りを行い、原価率0.1%のダウンに努めます
- 他部署と積極的にコミュニケーションを取り、ブランドイメージがお客様までしっかりと伝わるよう発信の強化を行いつつ、毎月予算100%に向けた行動を起こします
- デザイナーや企画の意図を正しく理解した上で柔軟な発想と効率性の高い量産が進められるよう精度UPされたパターンを作り出します(平均週3型で精度UPしたパターンを作成します)
- 原価に直結する縫製仕様・用尺を必ず見直し、店頭に商品が並ぶまでが仕事である事を念頭に利益の確保に繋げます
- 全ての事を他人事にせず、一人一人が自身の事と捉え、誠実に業務に向き合います

プロダクトの生産力強化のために、

- チーム内で技術・知識・問題点を共有し、現状の把握と改善を日々行います
- 現状をしっかり把握する為に各チーム毎に少なくとも月に1度の定期的なミーティングを行い、早急な改善に繋げます
- 今後の売上増を念頭に、仕入先とのコミュニケーションを密に取り、情報収集の強化と生産拠点の強化を行います
- 納期遵守に向け、他部署と連携を取り日々の数値を把握することで常に予算達成を目指します
- 全スタッフが商品1枚1枚を大切にする思いを持ち、不良品“0”への改善をおこないます
- B品の内容を工場に細目にフィードバックするだけではなく、企画・パタンナー・生産が内容を把握することで、次の企画・量産に反映させます
- B品の内容確認を2週間に1日は必ず各チーム時間を確保し、内容の把握を行います

マザーズインダストリーのクレド・その2

2022年のPRODUCT部のバリュー。部署ごとにバリューを定め、全部署が毎期改定している

第3章

理念はこうして「実践」する

従業員の総意でできあがった理念は、そのままただちに浸透し、実践されるわけではありません。意識的かつ計画的に取り組む必要があります。その際にカギとなるのは、「論理的理解」「感情的理解」「触れる頻度」「教える機会をつくる」という4つを体系立てること。そして、「日次、月次、年次、適時」という4つの軸でサイクルを回していくことです。

理念の浸透と実践を阻むもの

全員参加、6カ月の取り組みで理念を完成させた後、いよいよ浸透と実践のプロセスが始まります。

最初に申し上げたいのは、理念は放っておいては浸透しないという当たり前の事実です。というのも、この時期になると「浸透を阻む要素」がたくさん見え隠れしてくるのです。まず、そこから話を始めることにしましょう。

できあがった理念に対して、「社長ってさ、今までそんなこと言ってなかったよね」とか、「また口だけなんじゃないの？」などという言葉が従業員から漏れ聞こえてくることがあります。信頼関係がいま一つだと、こういった反応が生じるわけです。

これをただの陰口だと考えてはいけません。従業員が「実践したくない理念」になっているとしたら、浸透するはずがないからです。

こういう状態への対処法は、**再び「期待と貢献」面談を実施する**ことです。第2章の73ページでご紹介した、社長と従業員の価値観や思いのギャップを埋めていくための従業員との個別面談です。一人ひとりが改めてプロセスに主体的に関わることで、でき上がったミッション・ビジョン・バリューをどう思っているか、何を考えているのかを聞いて、それをあらためて社長、幹部、経営陣にフィードバックします。

ここで最も問われるのは、実は社長自身の姿勢です。社長が「従業員に理念を実践させよう、浸透させよう」という姿勢を強く見せすぎていると、なかなか理念は浸透しないのです。

どういうことかと言うと、問題は「従業員に実践させよう」という姿勢が過度に感じられてしまうことです。「どうも強制感がある」「押しつけがましくないか？」などと従業員に思わせてしまえば、形だけの理念になりかねません。

そうではなく、**社長自身が「自分に浸透させよう」「自分が実践しよう」という気持ちがあるかどうかが大事です**。理念を受け入れて、自分を変化させる覚悟があるか、ということです。「お前たち、やれよ！」ではなく、自分に矢印を向けたまま従業員に伝えられているかどうかです。

社長と従業員の信頼関係を築く機会になる

社長の「まずは私がやる」という姿勢が伝わることで、その姿を見た従業員が「じゃあ自分たちもやってみよう」と意識が変わりうるのです。そのための前提として、「期待と貢献」面談で話を聞くのです。

当然ながら時間はかかりますが、その方が結果的に浸透と実践、そして成果につながるまでのプロセスが早く進みます。それまでになかった信頼関係が生まれるからです。

従業員は、社長の変化しようとする姿勢を歓迎します。それがちょっとした変化であったとしても、継続してその姿勢を示していれば、従業員は「社長は今回、ちゃんと変わろうとしてくれてる。ぼくらの話を聞こうとしてくれている」と敏感に感じるものです。そこに浸透と実践の意欲が生まれるのです。

理念は「人を変えるための手段」ではない

理念が実践されるプロセスでも、私はしばしば社長に「耳の痛いこと」をお伝えします。理念を「人を変えるため」「組織を変えるため」の手段としてのみ捉えているとすれば浸透・実践は難しいということです。理念を「社長から湧き出る内なるもの」として捉えてほしいと伝えます。

社長としては、会社や従業員を変えたいからこそ私に理念実現コンサルティングを依頼してくるわけですが、たいていの場合「社長、あなたも変わりましょう」というフィードバックをすることになります。従業員の意見をないがしろにして、社長の考えを優先させることは決してありません。

多くの場合、社長は「しんどい」「どうしようかな」と悩まれますが、みなさん少しずつ変わっていきます。それによって決裂することはほとんどありません。

ひとつ、よくある象徴的な出来事として、私がコンサルティングを受注する際の話を紹介します。新規のクライアントと契約する前に、「じゃあ、とりあえず研修して生岡さんのことを従業員に知ってもらおうか」と言われるケースが多くあります。この、「**とりあえず**」という言葉が出たところで、私は契約を保留にします。

契約しかかったところで、社長と従業員間のコミュニケーションが非常に悪いことに気がついたケースもありました。私が「取締役と話をさせてください」と頼んで話をしてみると、取締役と社長との間でも価値観のズレが大きいことがわかりました。ある一つの部署のコンサルをしてほしいという依頼だったので、次にその部署の課長と話をして「部員のみなさん全員と話をさせてください。契約はその後にさせてください」とお願いしました。

すると、この部署を変えるには、部員一人ひとりと向き合うのではなく、「会社全員のこの部署に対する見方、考え方」を変えていく必要がある。さらに、社長自身が従業員の声を聞く姿勢を持たないと変わらないと感じたのです。

その私の仮説をお話しすると、社長の意識が少しずつ変わり、「まず、従業員の声を聞く場を持ちます」ということになりました。

「とりあえず」で組織は変わらない

話を戻しますが、つまり、情報不足の仮説や推測で何か物事を始めようとするときにはストップをかける必要があるということです。社長が「とりあえず」と言った時点で、やりません。それは予測、予断の域を出ないからです。

あらためて従業員の話を聞き、従業員の気持ちを知り、事実を確認した上で進めていけば、社長はそのフィードバックに「耳を傾けざるをえない」ことになるのです。

もし私が介在していなければ、従業員の気持ちをキャッチできなかったかもしれない。それを踏まえて「どうしますか？」と確認すると、「知らない事実が出てきた以上、やってみるしかないよね」ということになるのです。

コンサルティングをやるなかでつくづく感じるのは、**従業員のみなさんとのコミュニケーションを丁寧に重ねていくと、それだけで組織は変わる**、ということです。

職位が上の人たちが「とりあえずやっとこうか」というケースは少なくありませんが、その「とりあえず感」をなくしていくだけで、みんなが前を向く状態が整うのです。

異議を唱える人と徹底的に話し合う理由

全員で理念を策定しても、気持ちにバラつきはあるものです。前を向いている人もいるし、やらされ感が残っている人もいる。

そんなとき、しばしば「声の大きい人」が実践に異議を唱えることが起こります。同僚や部下に「なんでこんなんやらなあかんねん！」などと言い出す。とりわけ「実績は上げてきたが、理念や考えに共感していない人」がそういうことを言いがちです。声の大きい従業員が他人を巻き込みながら異議を唱えると、実践はストップしてしまいます。

このような事態への私の対処法は、一貫しています。無視せず向き合うことです。面倒だからと、そういう人を無視して進めては絶対にダメです。

理由はシンプルで、他の従業員は「明日はわが身」と考えるからです。異議を唱える人を無視すれば、周囲は「無視されるって、こんな感じなんやな」と受け止めます。理念に共感している人を守ろうとすることが、裏目に出るのです。

もちろん労力も胆力も必要ですが、文句を言ってくる人とは必ず1on1面談の時間をとります。それで解決するのかというと、解決しません。ただ、**この状況をつくると、私かその人か、どちらかが変わるしかなくなる**のです。でも、私は変わらない。共感はしても迎合しない。

その人が「一理あるな」という意見をおっしゃる場合もあります。ただ、基本的には、「会社全体を前に進めようとする意見」は出てきません。平行線にしかならない面談を、それでもずっと続けます。

そんなことは徒労だと思われるかもしれませんが、そうではないのです。**異議を唱え**

る人が考えを変えて賛成に回ったときには、強力なドライバーになるからです。

実際に、そのようなことが何度もありました。たとえば話し合いの末、「生岡さんの覚悟がわかりました。じゃあ、どうしたらこの会社が良くなっていくかを私も考えるから、いろいろと教えてください」と言ってくれるようなケースです。

社長の「未来の理想」と従業員の「現在の負担」をすり合わせる

何度も繰り返しますが、理念は「作って終わり」ではありません。社長と従業員、社長と役員、あるいは従業員間など、あらゆる関わりの中に生じるズレを徹底して解消していく過程は、浸透・実践への地ならしとして避けて通ることができません。

往々にして、「こういう浸透施策をしよう」と考えている経営者と現場の従業員の頭のなかは全く違っています。**経営者は「実行した先の未来」を思い描きながらあれこれと語りますが、現場の従業員は「実行するときの負担」を思い描く**からです。

ですから、私は社長に「現場の負担感を社長がいかに想像しているかを伝えることが大事です」と伝えます。一方、従業員の方々には、「それをやった先の未来をいかに描けるかが重要ですよ」と伝える。お互いにどこまで共感できるかが大事なのです。

従業員全員でバリューを一緒につくる理由もここにあります。バリューは「現場で何をするか」ですから、現場にフォーカスした話をせずに未来を語っても共感は生まれません。それぞれの業務を理解した上でボトルネックを見つけられないと成果は上がりません。現場のみなさんとの1on1面談は、問題が起こるたびに行う価値があるのです。

とはいえ、どこに行っても私はよそ者ですから、「お前に何がわかんねん！」と言われます。そこを「ちょっとわかってるかな、こいつは」ぐらいに思ってくれたときには、すでに少しずつ組織は変わり始めています。泥臭いコミュニケーションの積み重ねですが、そこを目指す価値があるのです。

「4つのサイクル」で理念は浸透していく

実際の理念浸透のプロセスを説明していきます。

全体像としては、「論理的理解」「感情的理解」「触れる頻度」「教える機会をつくる」

という4つを体系立ててつくること。そして、「日次、月次、年次、適時」という4つの軸でサイクルを回していくことです。

次ページに、理念「浸透」のスケジュールを掲載します。

【日次】デイリーラインナップ

「毎日」実践する施策として代表的なものの一つが「デイリーラインナップ」です。

これは、「理念に触れる頻度」を高める取り組みで、組織の中に理念があることが当たり前になる環境を作る狙いがあります。

SNSのグループを作り、基本的に当番制を敷いて、その日の当番が理念についての思いや考えを発信し、みんなが返信するという単純なコミュニケーションです。

私が関わるときは、最初の1カ月から、長くて3カ月ほどまで、私がずっと発信します。私が発信して、全員からの返信をもらい、それに対してまた返信をしていきます。

「当番の人は相手の返信を最後にしない」が決まり事です。当番の返信を最後にすることで、「ちゃんと受け取って考えているよ」という対話の空気を作り、浸透を促します。

最初の段階でのタブーは、ここにおいても「否定の空気」をつくることです。

9カ月目	10カ月目	11カ月目	12カ月目
ハードルを上げすぎず、理念と日々向き合うことを当たり前にすることが目的			
空気づくりに活用する			
	一度聞いただけで理念を理解するのは難しい。定義や目的など同じ話をして理解を深める		
評価後のフィードバックの質を意識することで、人事評価の機会が従業員の成長を促す絶好の機会になる			
課題に合わせて実施するのがよい			
「果たして今のバリューが適切か」の見直しをするとよい			
確認。理念と営業トークにおける「未来・過去・現在」の結びつきを確認しながらトークスクリプトを作成する			
研修慣れしていなかったり、結果主義の会社にはバリュー策定説明会の前に実施するのも効果的			
はない）、評価者・被評価者として持つべき心構え、フィードバック時に必要な心がけがいかなるものかを理解してもらう			
ップしたものを定期的なケーススタディにて全員で確認・解消していく			
適切に行なうことでミスマッチの軽減につなげる			
業界・他社の状況、会社の財政状況、従業員のモチベーションをバランスよく考えながら作成			
	会社評価を試しに行なってみて、想定違いの評価結果にならないか確認する		
		上述の通り	
			期首や年度始めなど運用しやすい時期を決めてスタート

		7カ月目	8カ月目
①日次・月次・年次・適時サイクルの浸透施策（「★」は、優先順位を上げて取り組んでほしい施策）	【日次】 ★デイリーラインナップの運用 （SNSもしくは朝礼でもOK）	否定の空気を作らない。コメントの質の高さを求めすぎないことがポイント。	
	サンキューカードの運用 （第5章で紹介）	感謝の気持ちをあえてカードに書いて渡し合うもの。社内のポジティブな	
	【月次】 感情的理解・論理的理解の両方から理解を深めていく。 ★バリューディスカッション		ディスカッションを通して、理念への自分自身の解釈を広げる機会にする
	★ケーススタディ ※バリューディスカッションとケーススタディは毎月どちらかを実施	日常業務と理念を結びつけ、その重要度を理解しながら、具体的な改善・行動を促す	
	★理念研修（新入社員入社時や、理念の定義などへの理解が乏しいと感じるときに実施）		
	【年次】 ★人事評価の実施	実施時期は、決算期や年度末など年1回が有効。評価実施方法よりも	
	【適時】 クライアント対応マニュアル作成 （バリューチェーン活用による）	お客さま対応マニュアルや社内業務マニュアルなど、その会社の整えたい	
	バリューの見直しと改定 （必要に応じて）	バリューは人の成長と時代の変化に伴って改定が必要。年に1回は	
②理念×○○の活用（その組織の課題に合わせて適時活用を検討）	理念×営業「研修」	バリューチェーンの考え方を用いながら、営業の動線を営業社員全員で	
	理念×お金「研修」	「お金」という成果を挙げるために理念が必要になることの理解を促す。	
	理念×人事評価「研修：人事評価・人材育成のあり方」	「人事評価」がどんな機会なのか（決して給料が決められるためだけの機会	
	理念×有事「日々の意識づけ」	大きな有事でなく、小さな有事を日々意識してピックアップしておく。ピッ	
	理念×採用「ツールへの落とし込み」	ホームページや採用アンケートに理念を表現する。アンケートの活用を	
③人事制度の策定	人事評価シートの作成	理念評価はバリュー項目+あり方として足りないと感じる項目、業務評価は まずはクオリティを求めすぎずたたき台を作り、その後質を高めていく	
	賃金諸表の作成		
	人事評価の仮実施 （適切に運用できる内容かの確認）		
	理念×人事評価「研修：人事評価・人材育成のあり方」の実施		
	人事評価制度の運用スタート		

7カ月目以降の理念浸透スケジュール表
（実施順は一例であり、組織の状況に合わせて組み換えOK）

どんな意見でも受け止め、共感を示します。自転車の漕ぎ出しのように、私と社長、あるいは私と役員みんなが発信元になって空気を作った後で従業員に順番を回します。「デイリー」ですから原則として毎日やりとりしますが、無理のない範囲で、週2回、週3回と決めてもかまいません。ポイントは「頻度を高める」ことですから、たとえば「月曜日と木曜日に発信するので、3日以内に返信してください」と決めてもOKです。

デイリーラインナップは「やらされ感」があってもできてしまうという問題点もありますが、最初はそれでもいいのです。たとえ気持ちが入っていなくても、毎日やっている中で理念が頭に浸透していく効果だけでもあればいいと割り切って考えます。

理念の浸透が進んでいる会社ほど、このデイリーラインナップをしっかり行っている傾向があります。

【月次】バリューディスカッションとケーススタディ

次に、「毎月」行う施策です。**バリューディスカッション**とは、月1回、1時間程度、特定のバリューについて全員でディスカッションをして、理解を深め、現場でバリューを活用できるためのきっかけを見出すミーティングです。

具体的には、その会社のバリューの中からディスカッションのテーマとするバリューを一つ決めます。そして次の①〜④の質問について、自分自身が思う回答を記入し、ディスカッションを進めていきます。

①もっとも伝えたい要点は何か？
②実践すると、ステークホルダーにとってどのような影響があるか？
③現状できていること、できていないことは？　できていない場合、なぜできていないのか？
④すぐに取り組めることは何か？

詳しい手順・進め方は次の通りです。

1．ディスカッションのテーマとするバリューを一つ決める（一定期間はリーダーがファシリテーターを行うが、その後は従業員からファシリテーターを決める）

2．テーマが決まったら、質問①〜④を各自ディスカッションシートに記入してもらう（目安5分）

3. 記入が終わったら隣同士でペアになり記入した内容をシェアする（目安1人1分）

4. ファシリテーターが先導しながらペアごとに①についてシェアした内容を発表してもらい、ホワイトボードに書き留めていく

5. 4. で書き留められた一つひとつの内容について、気づけなかった視点があるか、盲点だったことがあるかなどを考えてもらい、ペア同士でその気づきや感想などをシェアしてもらう。なお、書き留められた内容に「不正解」はなく、皆さんそれぞれの価値観であり可能性であることを伝える

6. 最後に社長（もしくはその場にいるリーダー）**から①についての想いや総括をもらう**

①の4～6が終わったら、その後、②の4～6を実施していきます。

ただし、③については、反省点だけに焦点が当たり空気感が悪くなる場合があるため、③のみでは実施せず、③・④の4～6を合わせて進めるのがよいでしょう。

このバリューディスカッションは、**一人ひとりが理念についての「自分の解釈」を広げ、深める機会にすること**が目的です。日々、仕事をするなかで「理念をこう解釈すると現場での自分の行動につながるな」という気づきを共有するためのミーティングです。

そしてもう一つの月次の施策が、**ケーススタディ**です。これは仕事のなかで発生する事例を題材に、①「このときは、みんな何をする？」②「どんなことを大切にしながら、それを行う？」③「それって、なんでするの？」という3つの問いかけを言葉にしながら、グループに分かれて議論してもらう取組みです。詳しくは第4章199ページでも紹介します。

ここでは、いろいろな話題を取り上げます。たとえば「お客様からクレームがありました」といった社外コミュニケーションの事例であったり、「交通費精算を早めに出してくださいと総務部から連絡がありました」というような日常的な社内コミュニケーションを題材に議論したりもします。

日々の業務習慣をテーマにして議論をしたときは、「小さなことだけど、こういうことから思いやりって大切にしないとあかんのじゃないの？」とか「お客さんの前ではうまいこと言ってるけど、社内でできてなかったら意味ないよね」などのような本質的な意見交換ができ、「結局答えはバリューに書いてあるよね」という言葉も従業員の皆さんの口から出て、理念浸透が加速する機会になります。

バリューディスカッションとケーススタディは、デイリーラインナップと違って、「やらされ感」がある状態ではできません。バリューディスカッション、ケーススタディ共に「日常業務の改善に直結する」と感じる時間にしていかないと「忙しいのになんでこんなんやるねん」といった不満が出ることがあります。

理念をテーマにしたミーティングなのに、終わった後に「今からこれを意識していこう」「今後は具体的にこう変えていこう」といった業務の変化、行動の変化につながる議論を生み出すことが「やらされ感」をなくすポイントです。

これに加えて「**論理的理解を促す研修**」を、数カ月に一度程度実施します。内容としては「理念の定義」「理念の目的」「ステークホルダーへの意識」などを改めて理解してもらい、なぜ理念が必要なのかを再度伝えていきます。

これらはバリューの策定時に一度伝えてはいるものの、一回聞いただけでは、なかなか従業員の方々の頭に入りません。新入社員が入ったタイミングなどの機会を活用しながら何度も聞いてもらうことで、「理念を知っている」という状態から「理念を理解している」「理念を実践できている」という状態に近づくことを目指します。

ただ、基本的に座学形式で一方的に聞いてもらう時間になるので、従業員の中にはあまり面白くないと感じる方もいらっしゃるかもしれません。

そこで、バリューディスカッションやケーススタディといった自らコミュニケーションを取りながら理念について考える「感情的理解」を促す取組みと織り交ぜながら進めていくのです。

【年次】人事評価

基本的に年に1回行われる人事評価にも、理念を反映させます。理念に紐づけた人事評価については、179ページから詳しく解説します。

【適時】マニュアル作成

「日次、月次、年次、適時」の「適時」とは、理念に基づく「マニュアル作成」を指します。たとえば営業のトークスクリプト、医療機関における患者さんの対応マニュアルなどです。それらにも、理念を反映させるのです。

マニュアル作成の場面でも、理念と同じくディスカッションを通して進めていきます。進め方としては、まずそのマニュアル化したい業務に関わる従業員全員で、その業務の工程確認を行いながら図示していきます。

たとえば営業のトークスクリプトをマニュアル化するのであれば、「電話アポ→提案資料作成→訪問→挨拶→アイスブレイク……」というような工程を、日々その業務に携わっている従業員全員で確認し合いながら、図示していきます。

図にし終わったら、「各工程において何が必要か？　何が大事か？」を質問し、出てくる一つひとつの意見が理念に即しているかどうかを交通整理しながらトークスクリプトを作っていきます。詳しくは163ページでも解説します。

マニュアル作成に関しては、そこに関わる部署の全員で行うことが原則ですが、人数が多すぎる場合には、担当の部長などと一緒につくった上で、メンバー全員に対していったんたたき台を見せて、ミーティングで意見を聞いていきます。

これは大事なことで、マニュアルを「上」が決めて「やれ！」と言っても、なかなか実践されません。理念の作り方と同じですね。

――運用上の注意点と「新人研修」のポイント

ここまでの「日次、月次、年次、適時」の運用を行っていく上での注意点は、ほとんどのケースで似通っています。

理念浸透を阻む最も大きな存在は「日々の忙しさ」です。「緊急ではないけど大事なもの」は、緊急なものに忙殺されて埋もれる傾向があります。これを防ぐには、キーパーソンに頼むのが一番です。

たとえば、私が役員として関わっているプロバスケットボールチームの香川ファイブアローズでは、デイリーラインナップで自分の発信の順番が回ってきたとき、発信自体を忘れてしまう従業員がいました。

そんなときは、みんなに見えるところではなく個別に連絡して、忘れていることを知らせます。忘れていることの知らせは、私のような役職者から直接来るよりも、従業員の中で理念を大事にしている人から連絡してもらうと、従業員間で理念の存在を確認し合うことにつながるため、効果的です。

もう一つ、理念浸透が進む大きなタイミングが、新入社員が入ったときです。入社して間もないうちに、新入社員に理念に関するレクチャーの場をちゃんと持つこと。

その際に伝えるのは、理念の重要性と、日々の実践の取り組みのなかで何をやっているか。デイリーラインナップの発信・返信などは、最初の1カ月ほど他の人々の発信を見たあとで自分からも発信してみてね、と段階的に伝えておくこと。新入社員が負担や不安を感じないよう、丁寧に理念浸透を進めることが大事です。

反対に、入社してすぐに「あなたの大切にしてることってなに？」などとバリュー案として書かせて提出させることなどは、避けるべきです。

実は、以前まで私もこれをやっていたのですが、このタイミングでバリューを書かせても効果がなかったのです。会社の理念や文化がわかっていないのに自分の意見を主張させても、ズレが生じることが多いからです。

まずは現在の会社のバリューなどを体感してもらった上で、1年後の来るべきバリュー改定のときに初めて意見を出してもらうほうが、会社としても本人としても成果につながる意見交換になります。

生きた理念は人材の新陳代謝を促す

95ページで少し触れたように、理念の浸透・実践のプロセスで発生しうる大きな出来事の一つが、従業員の離職です。

理念を策定するということは、それまで言語化されていなかった会社の価値観や文化を明示して共有することです。全員で「何が大切か」を確認し、不鮮明だったものが鮮明になっていくプロセスですから、避けがたく「この組織、いづらいな」という人が出てきます。

そして理念が作られるだけではなく、デイリーラインナップやケーススタディが行われ、人事評価にも反映され、毎日のように理念を意識することになりますから、理念に共感し納得できない人は「もうたまらん」と思うことになります。

策定の段階で理念に貢献する意見を述べていた従業員でも、理念に紐づいた浸透・実践の段階になると、「確かにわかるんだけど、私はこういうスタイルで仕事はしたくないんだよね」という実感を伴って、自ら会社を辞めていく、ということが起きます。

ドライに思えるかもしれませんが、これはやむを得ないことです。組織の中に理念が生きていると、「人材の新陳代謝」が起きるのです。

単純に「理念を実践するのがめんどうくさい」というだけの人は、辞めるまでには至らず、時間をかけて実践するようになることも多いです。そうではなく、会社の理念が自分の思想信条や価値観に合わない人が辞めるのです。

そして、これは大事な話なのですが、**プレイヤーとして一定の成果を上げている人が辞めることも少なくありません。**

特に、お客さんからの評価だけを重視し、社内業務や従業員間のコミュニケーションには関心がないタイプ、自分のことは考えるけれど会社全体のことは考えないといった人が辞めやすい傾向がある。そういう人が辞めれば、当然ながら、経営的にマイナスが生じることもあり得ます。

社長やリーダーには、そこを覚悟してもらい、「その人、多分辞めます」とハッキリ言います。これまでさまざまな会社を見てきましたが、覚悟して準備をすれば、意外と乗り越えられるものです。明らかに社内の空気が良くなり、抜けた穴をカバーしようと一致団結のきっかけになったりもするからです。

そういった一定の成果を上げている人が辞めても、残る従業員は意外と淡々と受け止め、後ろ向きな捉え方をほとんどしないケースが多いのです。

辞める人は、デイリーラインナップやディスカッションの機会でも後ろ向きな発言をすることが多いのですが、私はポジティブな返答をし続けます。「仕事をする上で、この会社の理念を実践することは大事ですよ」という会話を続けるのです。

従業員の皆さんはその姿を見ているので、「そこまでやったんなら、もういいんじゃないか」と思うようになるのです。白黒つけずに「どうにかならんか」という話をし続けることで、周りの解釈を緩やかにするのでしょう。

私が考える組織の理想的な状態は、一人ひとりにとってベストな状態です。組織にいることによって成長できると思えるのであれば残ればいいし、成長できないと思うのであれば辞めていい。そのほうが、本人にとってよいはずです。合わない組織にい続けることのほうが不幸です。辞める人には、今の会社には前向きになれなかったとしても、自分の人生には前向きになって辞めていただきたい。

理念に共感できなくて辞める人は、私が関わった組織の40％ほどで発生しています。かなり多い印象があるかもしれません。理念はそのぐらい人に影響を与え、生き方を変える可能性があるということです。人材の新陳代謝が起こるような会社から依頼がくる、とも言えるでしょう。そもそも、不鮮明だったものを鮮明にして、変わる意志がある組織だったということです。

人材の新陳代謝は、理念がただの言葉ではないことがわかる象徴的な場面です。

理念は「育成」されながら浸透する

「理念が浸透する」ということがゴールだとすれば、そのプロセスの中に、「理念が育成されている」という状態があります。

繰り返しますが、「経営者が本当に伝えたいことを伝わるレベルで言葉にしたもの」が理念であり、なかでもバリューは「全員で言葉にした大切にしたい気持ちや行動」を指します。その理念に基づき実践を続け、試行錯誤を重ねる中でさまざまな学びが生まれ、組織や個人が成長し、理念に対する見方や解釈が広く、深くなっていきます。

理念は同じでも、それを実践する人々が成長する（＝変わる）ことによって、理念そのものが育成されていく。理念が育成された先に「理念が浸透した」という状態が生まれます。

「理念は作って終わりじゃない」というのはそういう意味でもあり、バリューを策定し直したり、バリューの言葉は同じでも解釈を高めていく必要がある。**理念とは組織の成長、個人の成長、理念の育成を伴いながら浸透していくもの**なのです。

「できる」と「できない」の間には、必ず「やろうとする」という姿勢があります。「できる」は成果ですが、やろうとする姿勢は成長です。やろうとする姿勢があるかどうかで「できる」「できない」は分かれるのですから、まずはそこを目指しましょう。

理念によって組織に起きた変化4例

ここからは、いくつかの事例を通して、浸透・実践が進むと従業員がどのように変わるかについて、具体的に紹介していきます。

1 意見を言わない従業員が改善の第一人者に

ある歯科医院での事例です。

私がコンサルティングに入って間もない頃、スタッフの方々と面談をしました。その中にとても引っ込み思案なベテラン歯科助手の方がいました。長く在籍されているのですが、自分の意見をまったく言わないのです。理念策定のプロセスでもその姿勢は変わらず、少し心配になるほどでした。

それが、理念が完成し理念浸透が数カ月進んだ段階で面談をしたときに、「この前の朝礼で『歯科助手のマニュアルをつくります』とみんなの前で宣言しました」と言うのです。本当に何もしゃべらないような人だったので、驚きました。それから、日常的に問題意識を持ってみんなの前で発言するようになりました。

この変化について、院長もスタッフたちも「理念が浸透したからだ」と口をそろえました。この医院では週4回のデイリーラインナップを実施し、私が発信して、みんなに返信してもらう形を採用していました。

そのおとなしい歯科助手に「デイリーラインナップは大変でしょう?」と書いて送ると、「大変です。でも、自分たちで決めたことだし、大切なことだとわかっているので、ちゃんとやっています」と返信がありました。

本人の変化に加え、院長の意識が変わったことも影響しました。私が関わった当時は「すべて私に任せておけ」というワンマンな姿勢でした。しかし「理念をつくろう」と思うくらいですから、医院の現状に課題を感じ、変える意志があるはずだと思った私は、「先生がスタッフの成長を阻んでいるのではないでしょうか」と率直に伝えました。

すると「私は従業員になんにもやらせていなかったんだな」と気づき、姿勢を変えたのです。みんなができることは何かを考えた上で、「もしかしたら、俺がみんなの成長を阻んでいたかもしれない。みんなが何ができるのかを教えてくれないか」とスタッフのみなさんに直に問いかけたのです。

それからは、忙しいときであっても「10分でもいいから」と頻繁に面談するようになりました。そういう院長の変化がいい影響をもたらし「先生めっちゃ忙しいのに、私たちのことを理解してくれようと時間を空けてくれるんです。だから自分もなんかやらんとあかんなと思うんです」とスタッフが言うようになりました。

「医院を良くするために自分たちでできることは何か」と誰もが考え始め、ベテラン歯科助手の変化につながります。「私も今までやってこなかったけれど、うちの医院は成長しているし、歯科助手のマニュアルは今作っておいたほうがいいな、と思って言いました」。それが変化の背景でした。

この医院のみんなが変わった要因は、デイリーラインナップによる理念の発信の継続と、変化しようとするトップの姿勢にあります。理念が浸透し、実践されるというのは、このような過程を指します。

2 寡黙で内気だった従業員が面倒見の良い先輩に

次に、ある税理士法人の事例です。

スタッフの数は当時6人。私が関わってミッション、ビジョン、バリューをつくり、デイリーラインナップを始めました。この法人の特徴として、その6名が10年以上勤めていました。しかも、全員が1人で仕事を完結できるため、あまりコミュニケーションを取る必要を感じていない状況でした。

ただし、所長と副所長の2人は問題意識を持っていて、「今の状態は悪くはないが、もっとコミュニケーションの量を増やせば、もっといい組織になると思う」と言って依頼を受けました。

実際に研修などを実施し、理念を策定してデイリーラインナップを始めたときに、ひとつ気づいたことがありました。

寡黙で、話しかけてもあまり多くを話すことのなかったある女性職員が、デイリーラインナップで発信したり返信したりするコメントが、とても熱いのです。「え、こんなこと考えてたの？」と、びっくりするほどでした。

トップの2人がそれに気づき、「今までそういう考えを表に出せる機会を作れずに申し訳なかった」と率直に言いました。一人ひとりの内なる感情や言葉をちゃんと確認していたら、もっと早くいい会社になっていたかもしれない、と気づいたのです。

そういうことがあって、寡黙な女性職員は、実は内に熱いものを秘めているのだと全員が理解しました。その女性も、理解してもらえたことに安心したようで、私が関わって4年ほどで、最初に会ったときの印象とはガラリと変わりました。いつも笑顔で話しかけてくれるし、新しく入った新人の面倒見もとてもよく、研修でも率先して教える。

理念策定をきっかけに、自分の価値観や言葉を発信する経験をした。理念を作って浸透させるプロセスを通して「自分の気持ちを表に出してもよいのだ」とわかり、人がいきいきと変わった事例です。

3 ベテラン従業員が後進の育成を一心不乱に行うように

これは、ある中小企業での事例です。

最初の研修で面談をしている段階で、あるベテラン従業員が「この会社は変わらんよ。今までもコンサルタントとか来たけど何も変わらなかった。トップが変わらなかったら、うちの会社は変わらん」などと言うのです。

この方は会社のナンバー3の地位にあり、新卒で入って長年勤めている役員のAさんです。定年を迎え、まもなく嘱託になろうという方でした。

面談でそんな発言をするので「わかりました。それはそうなのかもしれませんね」と言って様子を見ていました。退任が近いこともあってか、理念策定のプロセスを見ていながらも「会社はなかなか変わらんけどね」と評論家のようでした。社長や従業員の姿勢の変化を目にしても、冷ややかな姿勢は変わりません。

この会社では、理念が完成した後も従業員一人ひとりの状況を把握しながら理念浸透を慎重に進める必要があると思っていたため、理念浸透を進めながらも2~3カ月に一度「期待と貢献面談」を実施していました。ある日の面談で「そろそろ攻めてみよう」と思い、失礼なことは承知の上で、こう伝えました。

「Aさんはこの会社にずっと勤めてこられて、あと少しになりましたが、今後は会社で何をされていくのですか？　今までたくさん会社に貢献されてきたと思います。**では、これから先は何ができるんでしょうか？　Aさんにしかできないことが、もしかしたらあるのではないでしょうか？**」

Aさんは「オレにしかできないことか……」とちょっと反応を示してくれたので、私はたたみかけるように続けました。

「Aさんはいろんなことをおっしゃいます。ネガティブにも聞こえます。でも本当に、会社をこのままにしておいていいんですか？　会社にAさんが残せることって何でしょうか？」

そうすると、何か火がついたようで「そうだ。オレはこの会社に残したいことがあるんだ」と言うのです。もともと技術畑の人だったのですが「オレはあと2年で、自分が培ってきた技術を絶対に継承する」と宣言しました。Aさん自身の中で、自分の役割が見つかったようでした。

それ以降はネガティブなことを一切言わなくなり、デイリーラインナップで技術的なことや心構えなどについて、非常に質の高い発信をするようになりました。若い世代に対して自分ができることをやっていく、という姿勢に変わったのです。

じつは、社長の一番の悩みがAさんでした。「彼はまったく私にモノを言わないんだ」と悩んでいたのです。ところが私と話すときにはそんなことはなく、すごく雄弁なのです。ネガティブなことも言うけれど、会社のことはよくわかっておられる。それで私は「あなたが従業員を成長させることができるのではないか」とお伝えしたら火がついた、ということです。

私がAさんを変えさせた、ということが言いたいのではありません。面談のなかで変わるポイントはあり、何かが刺激されることによって人は変わることがある。理念実践のプロセスがそのきっかけになりうる、という事例です。

4 すぐキレる院長が笑顔と言葉を大事にする人に

最後は、あるクリニックの事例です。院長が、とにかくよく怒る人でした。奥様が看護師として一緒に働いているのですが、奥様にも怒る。他のスタッフにも怒る。ただ、私と面談すると、怒ってしまったことについてすごく落ち込んでいました。

「めっちゃ怒っちゃうねん」

「オレが医院の空気を悪くしてるのはわかってるんだけど」

まだ40歳ちょっとの、若い先生です。当然、私は理念を作る目的でこのクリニックに関わり始めたのですが、「理念を作るのもいいんだけど、その前にオレが変わらなきゃあかんねん」と言うのです。

そこで私は単純な、中学生がやるような課題を提案し、実行してもらうことにしました。「朝、仕事に行く前、歯磨きしているときなどでかまいませんから、鏡の前で笑顔をつくって私に写真を送ってください」。「私も送りますから」と付け加えました。

毎朝、男同士が自分の笑顔の写真を送り合う、ということをずっとやり続けたのです。奥様にも「院長が撮影をサボるようなら、私に連絡してください」と伝えました。

それに加えて「でも」「だって」を使った数をカウントして報告してもらう、ということもやりました。それが院長の口癖だったのです。「でも」「だって」と、スタッフの意見にすぐに反論して否定する。そこで、白衣のポケットの中にカウンターを忍ばせてもらって「数えてください」とお願いしました。

この「笑顔トレーニング」と「でも・だってカウント」を2カ月間、毎日やってもらいました。すると、奥様から「笑顔が増えたんです！」と報告がありました。突然の変化に病院のスタッフからは、当初「先生、気持ち悪い！」という反応もありましたが、そのうち「なんだか、院長が優しいんです」というスタッフが増えていきました。

そんな過程が一つの成果になり、理念をつくって浸透させる上でも、変化しようとする院長の姿勢がスタッフに伝わったことで、浸透・実践はスムーズに進むようになりました。

今でも思い出します。毎日朝8時半ごろに、おっさん同士が笑顔を送り合うのです。なかなかシュールな光景ですが、こんな些細なことでも真面目に続けると成果が出るようになります。最初は引きつっていた院長の笑顔は、だんだん素敵になっていきました。

外見が変わることで、内面が変わっていく、自分を縛っていた何かから解放される。結局、理念策定は6カ月では終わらずに1年がかりになったのですが、まずは院長が変わる必要があった。忘れることができない事例です。

第3章まとめ　リーダーのためのアドバイス

この章では、理念の浸透・実践についてお伝えしました。理念というチームのみんなが共有する「言葉」をもとに、メンバーの行動変容を促すことが目指すところです。

どうすれば組織は変わるのか

本章のはじめに「従業員のみなさんとのコミュニケーションを重ねていくと、それだけで組織は変わる」と述べた。これは、私に特別な能力があるわけではない。リーダーのあなたが中心になって話し合いを重ねるだけでも、組織を変えることは可能だ。

毎日理念に触れる

本章では「デイリーラインナップ」について紹介した。バリューを決めたら、当番制で毎日バリューについての思いや考えを発信する。

何よりも「理念に触れる頻度を高めること」が目的だ。SNSを利用して行うコミュニケーションなので、リモート勤務でも意見交換は可能だ。

毎月の実践施策として

バリューは現場での仕事に紐づいた価値観を示すものだ。定期的に、具体的な事例を持ち寄り、バリューへの理解をみんなで深めてほしい。バリューの解釈を高めていくことで、行動変容も促進される。

みんなでそれぞれの経験を共有することは、一人ひとりがベストな状態をつくることにつながる。

第4章

理念を「現場」で生かす方法

本章の主題は、理念の「実践」と成果の実現です。成果の実現こそ理念の目的であり、カギを握るのは「意図的な継続」です。実践しながらも、さらにその先を目指すにあたっては、「意図的にやるべきこと」があるのです。「営業」「会計」「採用」などの個別トピックを取り上げながら、それぞれに理念がどのように関わり、どのように作用して成果を生み出していくのかを詳しく解説します。

「理念を変えてはいけない」は思考停止である

理念をテーマにしたセミナーで、ある会社の社長が私にこうおっしゃいました。

「うちはミッションを変えることはできない。理由は、このミッションで200年以上やってきたから」

なるほど、と思いつつ私はこう問い返しました。

「それだけですか？　自分の代だから変えるという覚悟はおありではないですか？」

私が社長にお伝えしたかったのは、「受け継がれてきたから」という理由だけで残される理念は、ただのお題目になりはしないか、ということです。受け継がれてきた理念を誰も実践していない。誰も浸透させようとしていない。誰も自分の行動で理念を体現しようとしていない。そうなっているなら、理念はただの足かせになりかねません。

もちろん、ミッションを守り続けるのは悪いことではありません。しかし、バリューは環境・時代の変化と人の成長に合わせて変えていくことが自然です。なぜなら、それは組織の判断基準であり、成果の実現を目的とするものだからです。

めまぐるしく環境が変わる今、私のクライアントの中には「半年に一度必ずバリューを見直す」と決めている企業もあります。また、ビジョンは達成と共に更新していくことが自然です。従業員が将来的に達成可能性を感じるものがビジョンであり、従業員はもちろん、お客様もそのビジョンが達成されたときにどんな景色が見えるかをイメージできると、そのビジョンはその組織に関わるすべての人たちの原動力になりえます。

理念がお題目になるのは、思考停止に等しい状態です。そうならないために必要なのは「意図的な継続」です。時代や必要に応じた理念のブラッシュアップを適宜行なうことで、現場での判断軸となり、ひいては成果を出すことにつながります。

二代目、三代目の社長が理念を作り変える意義

仮に、二代目、三代目の経営者が思考停止状態で創業者の理念を引き継ぎ、その価値や実現するべき成果をうまく社内にも伝えられず、機能してもいなければ、その社長は当然求心力を失います。理念と日々の仕事はつながっていないものだ、という社内の雰

囲気をつくる可能性すらあります。

そういう意味で、創業者以外の社長が理念をリニューアルする意義は大きいです。温故知新で、残すべきところは残し、変えるべきところは変えるという姿勢があれば、組織がずっと変革し続けていく準備が整います。

一方、簡単には変えられないのがミッションです。なぜなら、それは組織が存続する「目的」だからです。「目的」を見失えば、そこにいる人は戸惑います。

とはいえ「目的」すら時には変える必要も出てきます。批判を受けようとも、「違う！」と思ったのであれば「目的」を変えて、しっかり言語化することで、社内の求心力はもちろん、社外にも影響力は広がるでしょう。

もちろん簡単に変えるべきではありませんが、「ミッションは普遍的なものである、ゆえに変えてはいけないものだ」とするのはやはり思考停止状態です。変化してやまない社会にあって、「これは不変」と決めつける思考には大きなリスクが伴います。日々の仕事に取り組む人たちの指針となり、判断軸となることで、理念は真価を発揮します。

では、理念を成果に結びつけていくためにはどうすればいいか。

トピックごとに見ていくことにしましょう。

【理念×営業】
「誰から買うか」の判断は理念で決まる

私は理念実現コンサルティングを行う中で、「営業での理念活用」をテーマにした研修をすることがあります。ミーティングを通してトークスクリプトを作っていくものですが、その大前提のワークとして、製造業で使用されることの多い「バリューチェーン」を活用し、参加者が営業の各プロセスで大切にしていることの確認と共有をします。

バリューチェーンとは、製造業ならば「仕入・製造・保管・出荷・販売・営業・アフターサービス」のようなプロセスの、どこに付加価値があるかを確認する戦略フレームワークです。私はこれを、クライアントごとの営業プロセスにアレンジしています。

まず、「御社の営業はどのような流れで成り立っているのか、細かく教えてください」と問います。ひと口に営業といっても、扱う商材や単価によっていろいろなバリエーションがありますから、それを確認するわけです。

そうすると、たとえば「電話アポ→資料作成→営業訪問→挨拶・アイスブレイク→商談→クロージング→後日連絡」というようなプロセスがわかります。

なお、このプロセスの説明を営業部員みんながいるミーティングで聞くこと自体にも価値があります。同じ会社の営業部員でもまったく違う内容を言うことがあり「○○さん、そんなときにこれやってるの?」というような発見が生まれたりします。

そして、理想的な流れを私がホワイトボードに書き出していきます。そのあと、みなさんに「各プロセスで大切なことは何ですか?」と、ややざっくりした質問をします。「電話アポのときに大切なことって何ですか?」「資料作成のときに大切なことって何ですか?」などと聞いていき、それぞれの回答を書き出してもらいながら「それってバリューにリンクしていますよね?」とフィードバックしたり、「みなさんが書き出したものにバリューにリンクしているものはいくつあるでしょうか?」と質問していく。

すると、リンクしているものもあれば「あー、そうだそうだ、リンクさせられてなかった」などという気づきが生まれたりします。

次に「じゃあ今出してもらった大切なことを踏まえて、具体的に実践すべきことって何でしょうか?」と、一つひとつ議論しながら決めていきます。たとえば「電話アポのときに実践することって何だろう」「資料作成のときに実践することって何だろう」と問いかけしながら、議論を交わしていきます。

そこで出てきたポイントをまとめると、それがそのまま営業マニュアルになります。

全体分析

主活動と支援活動の関係性を確認する。

どのプロセスに高い付加価値があるか？（顧客視点で）

局所分析とマニュアル

例. 営業アポイント

どのプロセスにどんな価値を生むべきか？（顧客視点で）

【進め方】

1. 従業員の皆さんにプロセスを説明してもらう。
2. 各プロセスで大切なことを書き出してもらう。
3. 発表してもらいながら、「実践すること」を一つひとつ決めていく。

バリューチェーンの全体分析と局所マニュアルの例

さらに、「それでは、これを実際にやっていけば成果が生まれるのかどうかを試してみましょう」と前振りをして、ロールプレイングをします。その振り返りも加味すると、その会社の理想的な営業マニュアルができます。

以上が、営業における理念活用の主要なところです。

自分たちで作りあげたマニュアルに「やらされ感」はない

この方法で作成した歯科医院の例を紹介します。

「うちの患者さんは、うちのことをどうやって知るんやろうな？」という会話からスタートしました。バリューチェーンとして業務のプロセスを列記すると、次の通りです。

認知（ネット検索、口コミ、通りすがりなど）
↓予約を取る（電話、インターネット）
↓来院↓受付↓待機

↓この間に顧客情報を入力、カルテ発行
↓名前を呼ぶ↓誘導↓座る↓エプロンをつける↓問診
↓診察↓エプロンを外す
↓待合室に案内↓待機↓会計↓次回予約↓帰宅

このように、多様な動作が含まれていることがわかりました。

あとは営業のケースと同じで、「この一つひとつを、みなさんは何を大切にしてやっていますか？」「では今出してもらった大切なことを踏まえて、具体的に実践すべきことは何ですか？」と聞いていきます。バリューを参照しながら、「それだったら、このバリューをちゃんと実践するとよいのでは？」と動機づけていきます。

ここで大事なのは、「**バリューの中から選んでみましょう」というような誘導的な言い方をすると思考停止状態になる**ということです。

あくまで「みんなが大切にしていることは何か？」とゼロベースの意見を引き出した上で、「それは、このバリューにつながっていますね」と事後的につなげていくことがポイントです。あらかじめ枠を示したり、答えを用意すると思考が止まります。

会社が作ったマニュアルに従う形だと、従業員の心理としてはどちらかと言えば否定された気持ちに近くなります。

一方、自分たちが現場で培ってきた気持ちや行動を踏まえたマニュアルと向き合うことは肯定的なものであり、「なぜやるか」という納得感も詰まっています。**自発的な策定プロセスを経ることで、マニュアルから「やらされ感」が消える**のです。

営業トークは「未来・過去・現在・未来」の順に話す

営業の話に戻しましょう。

商談の際、意識しているか無意識かはともかく、営業部員のトークには「過去・現在・未来」の時間の移動が伴います。

つまり**営業トークでは「昔に起きたこと」「今現在起きていること」「これから起こっていくであろうこと」を使い分けながら話をしている**ということです。

私は「営業での理念活用」の研修をするとき、「過去・現在・未来のうち、お客さまに伝えたいことが伝わるのは、どこの話をしたときでしょう?」と質問します。

たとえば「当社の実績を伝えたいときには、過去・現在・未来どの話をしますか？」「当社の魅力を伝えたいときには、どの話をしますか？」「商品の価値を伝えたいときには、どの話をしますか？」「商品の効果を伝えたいときには、どの話をしますか？」という感じです。

商品やサービスによって多少の違いはありますが、私の回答としては、基本的に**「未来・過去・現在・未来」の順番**で話すのが良いと考えています。未来から始まって未来で終わる話し方が一番理想的なのです。なぜか。

多くの営業は、過去から話します。典型的なのは自社の実績紹介です。パンフレットを見せながら「うちの会社は業歴がこうで、このような過程を経て成長し、現在はこんな実績を……」などというふうに。

でも、そんな話は誰も聞きたくないだろうと私はいつも思います。そもそも相手にそんな話を聞かされる理由がない。聞きたいのは商品やサービスについてですし、それによって自社が得られる便益についてです。

そこで私は「まずは、ちょっとした未来を話しましょう」と伝えます。「うちの会社は、今後こういう活動を考えています」「こんな理想を形にしていきたいと思っています」というような内容です。

これも過去の話と同様、相手が得られる便益を直接伝える話ではないのですが、未来の話が世の中への貢献価値が高かったり、共感性の高いものであればあるほど、相手の頭の中に小さな「?」や関心が生まれます。「なぜそんなことをするのか?」「なぜそのような理想を掲げているのか?」と。

人は頭の中に「?」を浮かべると、それを回収したくなって、話を聞いてくれやすくなるものです。**「?」を回収した上で「!」が生まれるのが、理想的な商談です。**

まずは未来の話をして、自社の魅力を簡単に伝え、こちらへの興味を引く。次に過去の話で実績を伝えた上で、「今こんなことに取り組んでいます」と現在の話をする。

そして、最後にもう一度未来の話をします。これは最初に話す未来と同じ内容ではなく、そのお客さまと自分が共存している未来です。

この順番で伝えることによって、理想と、取り組み方と、実績と、今後の可能性が一直線上に並び、理解してもらいやすくなるということです。

まとめれば、こういう流れです。ご自分の仕事に当てはめてみてください。

「うちの会社はこういう未来を描いています。そしてうちの会社は今までこういう実績を出してきました。これからも実績を出し続けるために、こういうことに取り組んでいます。そして、今後あなたとお付き合いさせていただくことになれば、一緒にこういう未来を感じていただきながら、こういうことをやっていきたいと思います」

これが理念とどのように関わっているかというと、「**未来・過去・現在**」が「**ビジョン・ミッション・バリュー**」**にそれぞれ対応しているのです。**

つまり「未来を語る」とは、「御社のビジョンをちゃんと語ってください」ということです。「あなたの会社が何を目指しているのか、どういうビジョンを掲げてこれからどんな社会をつくることに貢献していきたいのか、自分の言葉で語ってください」ということです。

はじめからパンフレットを出して、興味をまだ持っていない御社の「過去」について話し出しても、相手に魅力は伝わりません。

未来のビジョンを語り、過去についてはミッションと共に実績を語る。そして、今あなたが実践しているバリューを語るのが現在です。そのあとに、お客様と一緒につくっていける未来について、もう一度ビジョンを語る。

そのあとに、ようやく、商品パンフレットを出してしゃべります。ここまでくると相手は、「わかったから、じゃあどういう商品なのかを教えてくれますか？」と聞いてくれる態勢が整うでしょう。

ここまで述べてきた営業トークは、言い換えると「**誰から買うか**」**を印象づける**ということでもあります。

ある切削工具の卸売会社のクライアントでは、商社の宿命でもある「他からでも同じ商品を買える」という壁をどう乗り越えるか苦労していました。そこで、未来の話からする営業トークを取り入れることで「とても売りやすくなった」と言いました。

「みんなでバリューをつくった」ということが、この段階で効いてくるのです。たとえば「あなたが一番こだわってつくったバリューを、お客さまに語ってください」と言うと、自分の言葉でしっかり語ることができるのです。

プロローグでご紹介した広島ドラゴンフライズなどはその好例で、営業担当者が「自分の中で震えるぐらいのバリューなんです！」などとお客さまに熱を持って語るだけで、大口のスポンサー獲得につながりました。

【理念×お金】「お金の流れの理解」と「動けない理由の言語化」で従業員は動く

組織をマネージしていくためには、お金について考えないわけにはいきません。しかし、ただ売上や利益などの数値目標を掲げ、強制感を与えて人を動かそうとしても、成果は短命に終わるでしょう。「自分の願望で動ける状態」をいかに作るかこそ、組織が無理なく成果を上げるためのコツです。そこで理念が有効に働くのです。

理念は言葉であり、言葉は行動を生み出すものであり、行動は数字を生み出すものです。ですから、数字という結果が下流にあるとすれば、上流には理念がある。

そして、下流の流れを良くしたり、澱みを無くしたいと考えるのであれば、上流をいかなるものにするかを考える必要があります。これは理念実現コンサルタントとしてだけでなく、税理士としても、自分の経営の経験からも、そう感じます。

売上や利益や決算書などのお金の話は、経理部員は別として、一般の従業員にはなかなか難しい話題の一つかもしれません。くわえて、理念とお金は結びつきにくいものだと思われがちです。「理念なんて別にいらんよな」と考えるような風土の組織には、私はお金の流れをきちんと理解してもらうところから始めています。ここからは、そんな組織でのコンサルティングを紹介しながら、解説していきます。

会社のお金の流れだと小難しくなりがちなので、家計のお金の流れに置き換え、「どうやったら自分の貯金が貯められるか」などという例えを使いながら、どうやって会計の一つひとつの数字をよくしていくかというミーティングをします。

このミーティングは、研修慣れしていなかったり、結果主義または現場主義といった風土の会社で、従業員面談を終えた後に実施するケースが多いものです。

左ページをご覧ください。これは、私の師の一人である和仁達也先生から学んだ「お金のブロックパズル」というもので、会社の損益計算書をブロックにして示しています。

売上、変動費、粗利。粗利は利益と固定費に分かれていて、固定費は人件費とその他経費に分かれている、という内訳です。左から右に流れていくイメージです。利益は税金と税引き後利益に分かれ、本業のキャッシュフローがあり、そこから借入金の返済と設備投資が賄われている、という会計の構造です。

これに家計の構造を重ねてお話しするのですが、家計の構造も会計の構造とまったく同じで、額面給料があって、社会保険料などが引かれて手取りがあって、手取りは貯金と生活費に分かれます。

生活費に関しては、娯楽費と日常生活費に分かれる。給料を増やしたいと言うよりも、娯楽費とか日常生活費を増やしたいのが本音でしょう。

そのためには、たとえば旅行したいからタバコを吸わないでおこうとか、服が買いたいから食費を抑えようとか、固定費の中でいろいろやりくりをするものですが、自分が使えるお金を増やすには、大元である給料をどうやって増やすのかに着目しないと生活

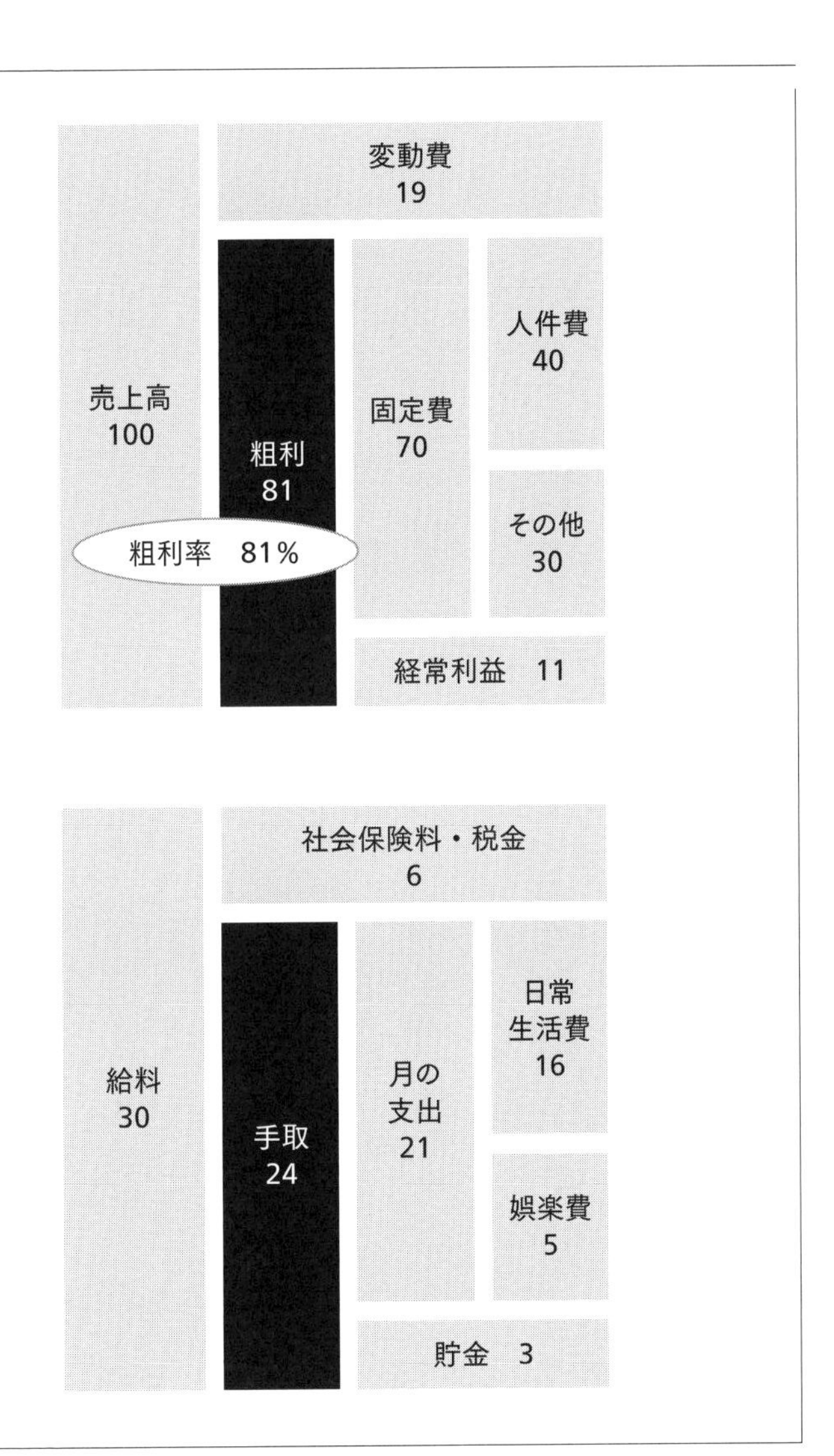

会計（上）と家計（下）のブロックパズル
下段の家計のブロックパズルについては、『世界一受けたいお金の授業』和仁達也・著（三笠書房）を参考に著者が作成

は豊かにならない、という話からします。

こうしたすべての構造をしっかり伝えた上で、「売上を上げて、粗利を上げて、しっかり人件費をまかなっていくには、みなさんの会社はどのようにすればいいですか?」という問いかけをして、各部署に分かれながらワークを進めていきます。

「動けない理由」を言語化する

これはある歯科医院の事例です。「患者数アップにつながることはなんだろう」「患者単価アップにつながることはなんだろう」あるいは「来院頻度アップにつながることはなんだろう」という問いについて話し合いを進めます。

結局、一つひとつの行動の積み重ねがこのブロックを組み上げていくのだ、と理解してもらうわけです。あとは、在庫の最小化、仕入先の見直しの交渉などが変動費ダウンにつながりますが、「では、それについて〝受付〟ができることは何だろう、〝歯科助手〟ができることは何だろう」と役職や役割ごとに考えていきます。

大方「消耗品を買いすぎないようにする」というくらいのアイデアしか出てこないも

のですが、それでかまわないのです。何を実践するかを決めるミーティングをした上で、次回に向けて宿題を出します。「私は来月また来ますから、何を実践するか決めておいてください」と伝えて終わりにします。

ここからがポイントです。1カ月後、大体の場合この宿題をやりきれていません。7割ぐらいの会社が、やろうと決めたことの半分もできていないという感じです。これは想定済みで、またミーティングを実施します。この場が「動けない理由の言語化」につながっていきます。

そのミーティングでは私は「なぜやれなかったのでしょうか？」と質問します。決して叱るのではなく、「前回決めたことだから、みなさんは『やったほうがいい』と思っているはず。でも、やれなかった。その理由は何だろう」と問いかけて一緒に考えていきます。そうすると、「日々の忙しさにかまけてしまった」とか「忘れてしまっていた」とか、さまざまな理由が出てきます。

「わかりました。では、みなさんが仕事をしっかりやっていく上で、大切にしたいことはなんですか？　どんなことを大切にすればもっと良い仕事ができますか？」と次の質問をします。そうすると、「理想にすること」がみなさんの言葉として出てきます。

「『やれなかった理由』を言い換えると、『どうやったらできるか』に変わっていく」

というのが私からの提案で、さらに話し合いを進めます。そこでみなさんから出てくる言葉は、理想的な考え方や大切にしたい行動が表現されているわけですから、そのままバリューをつくる材料になります。

さて、ここでお金の話に戻ります。このブロックパズルでつくった数字を現実に形にしていくには、この2カ月目のミーティングで、やれなかったことをやれるに変えていったその理由を、日々の現場に置き換えて浸透させながら実践していくこと。そうすると、数字は形になっていきます。

そして、この2カ月目のミーティングが終わる際に、「今回出た理想的な考え方や大切にしたい行動をつねに意識しながら、ここから先は3日に1回、私にどれができたかを報告してください」と、少し強めに伝えます。グループLINEなど、手段はなんでもいいので「これはできた」「これはできなかった」と報告してもらいます。

これは、自分たちが決めたことと向き合って行動することを習慣化するために行うトレーニングの要素もあり、大切にしていることを形にすると、数字が上がっていきます。

その一連の経験をしてもらってから、その後に実施するバリュー策定でも数字を意識するバリュー項目を入れたりすることで、理念と数字が自ずと結びつき「理念って大事なんだ」と思ってもらいやすくなります。

この、理念浸透と成果を同時に生んでいくワークの効果は絶大です。数字で成果が明らかになるからです。「なるほど理念というのは日々の仕事とこういうふうに結びついているんだな」とほぼ100％納得してもらえます。理念に懐疑的だった従業員でも、「ただのお題目ではなく、めちゃめちゃ実践的なものなんだ」と納得するのです。

加えて、社長からは「一石二鳥、三鳥感があるワークだ」と喜ばれます。理念をつくりながら日常の課題解決も進められるからです。

以上が「お金の流れの理解」と「動けない理由の言語化」を重ね合わせるコンサルティングの概要です。このコンサルティングはすべての会社に対して実施しているものではなく、「お金の知識をもっと増やして欲しい」というニーズがあったり、理念策定がすんなり受け容れてもらえない場合に実施するケースが多いものです。

【理念×人事評価】
従業員の成長を理念で「数値化」する

理念を成果に結びつけるための大事なポイントの一つが人事評価です。理念に基づき、それに沿った行動をし、成果を生んでいるかどうかを、評価の尺度に入れるのです。

理念に基づいた人事評価の全体像は、次ページのとおりです。

人事評価の運用とは、点数をつけて終わりではありません。人事評価を実施し、評価会議を行い、本人にフィードバックするところまでやらないと運用とは言えない、というのが私の考えですが、多くの会社でおろそかになっています。

ここからは資料を用いながら、人事評価の運用の仕方を説明していきます。

まず人事評価は、**「理念評価」**と**「業務評価」**の二軸で策定します。それぞれ「あり方評価」と「やり方評価」と呼ぶこともあります。

理念評価の項目は、基本的にバリューを疑問文に変換したものです。つまり、**「○○をする」というバリューを「○○できていますか？」としたものが理念評価の基本項目です**。

ただし、バリューを疑問文にしただけでは、評価項目として不足している場合もあります。ですので、バリューを基本にした評価項目を作ったあと、社長と共に「従業員に持っていてほしい考え方や姿勢で、バリューでは表現しきれていないものはないか」を確認しながら進めていきます。

業務評価は、策定する業種・職種に応じて見るべきポイントが違いますから、私がい

人事評価の実施

①人事評価表（理念評価と該当する業務評価）を全スタッフに渡し、「自己評価」を実施してもらい、一週間後をメドに会社へ提出してもらう。360度評価を実施する場合は、評価してほしいスタッフの分もそれぞれ渡し、「メンバー評価」も同時に実施する

【例】

1点	お客様または上司が納得のいく結果を出すことができない
2点	自らサポートや助言を得ながら進めても、お客様または上司が納得のいく結果にはまだ足りない
3点	自らサポートや助言を得ながら、お客様または上司が納得のいく結果が出せる
4点	自分一人で、お客様または上司が納得のいく結果が出せる

※1点〜4点の評価点の定義をそろえる必要があります。

360度評価のポイント

- **評価する側、される側がある程度お互いの業務がわかっている間柄であること**
- **「メンバー評価」は、複数人、できれば上司、同僚、部下など立場の違う人からの評価があるとベスト**

②社長や経営層が、全スタッフの「会社評価」を実施する。「会社評価」が終わったら、コンサルタントがいる場合は、すべての評価の実施が終わった評価表を送り、共有しておく

理念を用いた人事評価の全体像・その1

人事評価実施後の評価会議

①複数人で評価会議を行う場合は、評価者である上司の平均値を出して「会社評価」の数値として出しておく

②昇給や昇格、減給などを左右する数値はあくまで「会社評価」とする。ただし、上記の「会社評価」の数値は、まだ確定させない。評価者同士が協議をして、スタッフ一人ひとりの正式な「会社評価」を確定させていく

③全スタッフの昇給・昇格等のバランスを確認し、人件費がいくら増減するかを検証して、OKだったら昇給金額を確定する

人事評価実施後のフィードバックの準備

①「自己評価」と「会社評価」の差を確認する

たとえば、**「自己評価」**= 1、**「会社評価」**= 3
「自己評価」= 2、**「会社評価」**= 4

などの評価項目がある場合は、スタッフの自己肯定感が低い状況だと言えるため、意識的に評価者が承認する必要がある。

反対に、**「自己評価」**= 3、**「会社評価」**= 1
「自己評価」= 4、**「会社評価」**= 1

などの評価項目がある場合は、スタッフの思い上がりがある状況だと言えるため、「何ができていないのか」「なぜ、できていないのか」などを具体的に伝える必要がある。

②幹部の間で誰がそれぞれのスタッフに個別面談を実施するかを決め、フィードバック内容が固まり、伝えられるイメージが湧けばOK

理念を用いた人事評価の全体像・その2

ろいろ調べてたたき台をつくります。これは、あくまで社長や人事責任者との意見交換を促進するためのたたき台です。実用性の低いものにならないよう、意見をすり合わせながら、その会社ならではの表現や基準を確認し、完成させていきます。さらに、理念評価と業務評価に基づいて、賃金諸表もつくります。

185ページから掲載しているのは、ある医療機関の評価ツールです。「クレド達成度確認シート」というものが理念評価のツールで、バリューが疑問文になっている文章です。

専門用語が満載の187ページの「業務評価シート」は歯科助手を対象とするもので、その業務を全部、院長と一緒につくっています。

それに加えて、私が一緒につくっている「賃金諸表」（省略）があります。

ここからが重要なところです。私が講師になって「**人事評価、人材育成のあり方**」という研修をします。これは管理職だけを対象にするのではなく、原則として一般従業員を含めた全員参加で実施します。

これは「人事評価とはなんぞや」という話をみんなで確認し合う研修です。「評価」というものは、どんなに精緻に基準をつくったとしても、従業員からすると「自分を値踏みされる」という印象で受け止めます。端的にいうと「嫌なもの」です。

そこで「評価というのは客観的に自分自身を確認する機会であって、給料はその結果である」「客観的に自分自身が何ができて、どんなことができていないかを確認する機会になる」と伝えます。つまり「人事評価を通して、全員がやりがいを持って働ける場を目指すのだ」ということを理解してもらうための研修です。

ここでは、評価者である上司の方々にとって耳の痛い話をどんどんしていきます。

「評価するのはあなたじゃなくて評価基準である」
「個人的な感情を入れて評価するのはアウト」
「評価される人に与える影響は多大であるから、希望を抱かせることが大事である」

そういうことを、**評価する人、評価される人、全員がいる前でしゃべります**。

このことで、人事評価が上下関係ではなくフラットな状態になる土台ができます。また、評価者は自分自身の仕事に対する意識を再確認することになります。人事評価は、「何を言われるか」もさることながら「誰から言われるか」も意識するものなので、評価する人には正当性もあらためて意識するように促します。

また、この研修ではフィードバックの仕方も伝えます。評価者の言い回し一つで、言

※4段階評価（各44満点）

	内容	自己	医院	メンバー
1	「来てよかった」「また来たい」そう思ってもらえる表情、言葉、姿勢、雰囲気を徹底できていますか?	1-2-3-4	1-2-3-4	1-2-3-4
2	予防の価値をわかりやすく丁寧にお伝えすることで、患者さんの健康への意識を高められていますか?	1-2-3-4	1-2-3-4	1-2-3-4
3	患者さんから発せられる言葉に耳を傾けられていますか?	1-2-3-4	1-2-3-4	1-2-3-4
4	プロとしての自覚を持ち、期待に応え、安心を生むことに妥協しない姿勢を持っていますか?	1-2-3-4	1-2-3-4	1-2-3-4
5	患者さん、仲間、地域の方々、そして自分自身を豊かにするための知識と技術を学び続けていますか?	1-2-3-4	1-2-3-4	1-2-3-4
6	「何事も前向きに。」何かあったときにこの考えを思い浮かべられていますか?	1-2-3-4	1-2-3-4	1-2-3-4
7	「お互いを尊重し合いながら、率直に意見を伝え合うことでベストな選択をしていく。」という意識を持てていますか?	1-2-3-4	1-2-3-4	1-2-3-4
8	思いやりを持ち、●●歯科医院をより良いチームに育てていくための行動ができていますか?	1-2-3-4	1-2-3-4	1-2-3-4
9	患者さんの期待に応えること、何事もなく安全にみんなが笑顔で過ごせたことを日常的に達成できていますか?	1-2-3-4	1-2-3-4	1-2-3-4
10	一人一ひとりが活躍でき、楽しさと働きがいが得られる場所を築けていますか?	1-2-3-4	1-2-3-4	1-2-3-4
11	「予防・こどもの矯正」と聞けば●●歯科医院を思い浮かべられる存在になるよう、できることに取り組めていますか?	1-2-3-4	1-2-3-4	1-2-3-4
	合計			

ある歯科医院のクレド達成度確認シート

われる側の印象が大きく異なるからです。

たとえば、「この項目の評価が低かったけど、どう思う？」という質問をすれば、部下は責められているように解釈しがちで、「いけなかったと思います」と反省の弁を述べるしかありません。そこを「この項目の評価が低かったけど、これからどうすれば良くなると思う？」と少し言い回しを工夫するだけで、「こうすればよくなると思います」と改善案を考えてもらいやすくなります。

こうした例示をしながら、ポイントを数多く伝えていきます。この研修で伝える内容の全体を188ページに掲載しますので、ぜひご参照ください。

そして、実際に人事評価を実施します。人事評価の進め方としては、まずは従業員自身にすべての評価項目に対して「自己評価」を行なってもらい、その後同じ項目に対して「会社評価」を実施していきます。

自己評価と会社評価の差を確認することが、成長につながるからです。

会社評価のみで自己評価のない人事評価だと、「その人がその会社評価に対して、満足しているか、不満に思っているか」がわかりません。そこで自己評価と会社評価の差を確認しながらフィードバックしていきます。

会社評価が低くて自己評価のほうが高い項目は、端的に言えば「思い上がり」です。

※4段階評価（各160満点）

グレード	レベル	No.	内容	自己	医院	メンバー
グレードI	レベル1	1	診療に関する基礎的知識がある	1-2-3-4	1-2-3-4	1-2-3-4
		2	誰に対しても適切な言葉遣いができる	1-2-3-4	1-2-3-4	1-2-3-4
		3	常に院内美化・整理整頓が図れている	1-2-3-4	1-2-3-4	1-2-3-4
		4	大きな声で気持ちの良いあいさつ・声かけができる	1-2-3-4	1-2-3-4	1-2-3-4
		5	医師からの指示がおおむね理解できる	1-2-3-4	1-2-3-4	1-2-3-4
		6	次の来院者の準備ができる	1-2-3-4	1-2-3-4	1-2-3-4
		7	器具の名称を一通り理解している	1-2-3-4	1-2-3-4	1-2-3-4
		8	歯科衛生士および受付との連携ができる	1-2-3-4	1-2-3-4	1-2-3-4
		9	来院者との日常会話ができる	1-2-3-4	1-2-3-4	1-2-3-4
		10	幼児・子供への適切な対応ができる	1-2-3-4	1-2-3-4	1-2-3-4
		11	一通りの器具を扱え、洗浄できる	1-2-3-4	1-2-3-4	1-2-3-4
		12	12枚法レントゲンを正確に準備し、適切に事後処理ができる	1-2-3-4	1-2-3-4	1-2-3-4
		13	サブカルテに医師の言っていることを正確に書くことができる	1-2-3-4	1-2-3-4	1-2-3-4
	2	14	報告連絡相談が確実に行える	1-2-3-4	1-2-3-4	1-2-3-4
	3	15	電話応対が正確にできる	1-2-3-4	1-2-3-4	1-2-3-4
		16	初診カウンセリングができる	1-2-3-4	1-2-3-4	1-2-3-4
グレードII	レベル1	17	診療の流れ、院内の状況を把握し、適切な動きができる	1-2-3-4	1-2-3-4	1-2-3-4
		18	補綴などの自費診療の説明ができる	1-2-3-4	1-2-3-4	1-2-3-4
		19	業務マニュアルの作成・変更ができる	1-2-3-4	1-2-3-4	1-2-3-4
		20	院内ツールの企画・作成ができる	1-2-3-4	1-2-3-4	1-2-3-4
		21	サブカルテに医師の言っていることを適切に要約し、素早く書くことができる	1-2-3-4	1-2-3-4	1-2-3-4
		22	来院者ごとの準備・片付けが素早く正確にできる	1-2-3-4	1-2-3-4	1-2-3-4
		23	アルバイト・パートスタッフを指導できる	1-2-3-4	1-2-3-4	1-2-3-4
		24	医師の指示に対して理解、対応ができる	1-2-3-4	1-2-3-4	1-2-3-4
		25	来院者の質問にはおおむね適切な回答ができる	1-2-3-4	1-2-3-4	1-2-3-4
		26	指示通り治療材料・薬剤の注文管理ができる	1-2-3-4	1-2-3-4	1-2-3-4
		27	物販の商品説明が適切にでき、来院者に合った商品をオススメできる	1-2-3-4	1-2-3-4	1-2-3-4
	3	28	適切に利益を生むための考えを理解し、院内の状況に応じて積極的に仕事ができる	1-2-3-4	1-2-3-4	1-2-3-4
グレードIII	レベル1	29	在庫の管理ができる	1-2-3-4	1-2-3-4	1-2-3-4
		30	業務改善の提案・推進ができる	1-2-3-4	1-2-3-4	1-2-3-4
		31	リコール業務の構築・推進の為のシステムづくりができる	1-2-3-4	1-2-3-4	1-2-3-4
		32	メンバーの教育指導ができる	1-2-3-4	1-2-3-4	1-2-3-4
	3	33	クレームの処理が適切にできる	1-2-3-4	1-2-3-4	1-2-3-4
	4	34	診療の流れ、院内の状況を把握し、臨機応変な対応や周りへの指示ができる	1-2-3-4	1-2-3-4	1-2-3-4
		35	業務改善案を立案し、実行している	1-2-3-4	1-2-3-4	1-2-3-4
		36	医院の状況を把握して、適切に利益を生むための考え・行動を持ち合わせ、実行している	1-2-3-4	1-2-3-4	1-2-3-4
グレードIV		37	経営方針を理解し、メンバーを巻き込んで遂行に努めている	1-2-3-4	1-2-3-4	1-2-3-4
		38	マネージャーとしての言動を自覚し、影響力を発揮できている	1-2-3-4	1-2-3-4	1-2-3-4
		39	設備導入や人材採用などにおいて費用対効果の視点を持ちながら、立案・実行できている	1-2-3-4	1-2-3-4	1-2-3-4
		40	上司・部下双方からの信頼を得て、期待を超える業務を常に遂行している	1-2-3-4	1-2-3-4	1-2-3-4
			合計			

ある歯科医院の業務評価シート【歯科助手】

めて支援を行う。見本と信頼が欠如した状態で支援を行っていると、支援された側に申し訳なさや苛立ちが起こり、成長に直結しないことも多くある。

3. フィードバック時の心がけ

● 場づくり

言葉、表情、態度、行動をどう意識して場を作るかがポイント。聞く姿勢を継続して作り続けることがまず第一。そして、どんなことを伝えるにも肯定的な言葉や言い回しを使用する。

【例】「**この項目の評価が低かったけど、どう思う？**」
→「**…がいけなかったと思います**」
※反省の弁を述べるしかなくなる。

【例】「**この項目の評価が低かったけど、どうすれば良くなると思う？**」
→「**…こうすれば良くなると思います**」
※改善案を考えさせることができる。

※改善案を考える際「アイデアを出す時間」と「アイデアを選択する時間」は必ず分ける

● 会社のビジョンを語る

今後の会社はどうなっていくのかを一緒に語る。クレドカードを確認しながら、何をすればビジョンが実現するかを話し合う。

● 個人のビジョン（目標）を明確にして期限を決める

次回の評価時にはどうなっていたいかを、簡単にでもよいので言葉にしてもらう。次回へのモチベーションと、今後とるアクションの確認を行う。

4. まとめ

● 今回伝えた言葉の定義や全体像を確認し、終了。

1. 人事評価とは

従業員の行動や考え方が、お客様、同僚などの組織と関わる人にとってどんな成果や良い影響をもたらしているかを、客観的に社員自身が確認する機会。それによって、従業員がより生き生きとやりがいを持って働けることを目指すもの。

2. 評価する上での心構え

● 持つべき心構え

評価をするのは"あなた"ではなく"評価基準"。あなたの役割は評価基準と被評価者（評価される人）のフィルターになること。個人的な感情が入ってしまうと、濁ったフィルターのように正当な評価ができないことになる。絶対評価が原則である。

● 被評価者（評価される人）に与える影響

できていることを評価し、できていないことを反省させ、何をすれば良くなるか希望を抱かせることが大事。できていないことに焦点を絞って伝え、改善案を一緒に検討する場を同時に持たないと、「できていないこと」だけが被評価者のモチベーションを下げることになる。

● 評価者への影響

評価をする、評価内容を伝えるということは、自分自身が仕事に対する姿勢を再確認する機会になる。また、被評価者は評価者から伝えられる評価について、「何を言われるか」と同時に「誰から言われるか」も感じる。評価者は評価をする「正当性」を常に意識しておく必要がある。

● 見本→信頼→支援というスタンス

評価者がスタッフ育成を行っていく上で勧めたいスタンスの一つ。まずは被評価者に伝えること自体を「評価者自身が行っている」という言行一致を意識する。その言行一致させようとする意識が「見本」になる。それを心がけながら、スタッフを信頼している態度をしっかりと伝える。その上ではじ

人事評価・人材育成のあり方

なぜ会社評価が低いのかをきちんと伝えていかないと、成長につながりません。逆のケースである会社評価のほうが高く自己評価が低いという場合も、なぜ会社はこの項目を高く評価しているのかを説明します。そうすることで、成長への気づきや自信が生まれる機会にもなります。

そして、従業員すべての評価が終わったあとで、評価会議をします。

会社評価は、社長の目の届く人数の会社である場合はすべて社長が行いますが、社長の目の届かないほど人数が多い会社では、直属の上司が複数人で行います。

一人の評価を複数人で行うのは、一人の上司の評価だと上司の主観が入る恐れがあるからです。複数人で行うことで事実に基づいた評価にしていくわけです。

実際に評価をしてみると、ある上司は4点をつけている項目に、もう一方の上司は2点をつけている、といったことがしばしば起こります。そうなったときこそ、この評価会議の意味があります。評価者同士が「なぜその点数づけをしたのか?」を語り合いながら、経営陣全員でその内容を吟味し、真実に近い評価に近づけていくわけです。

一つ具体例をお見せします。192ページをご覧ください。

これは、あるシステム会社におけるエンジニアの評価表で、自己評価と会社評価、エンジニアとしての業務評価と理念評価をまとめています。

Aさんの2021年の欄を見てみましょう。業務評価については、自己評価が169点、会社評価は189点。会社の方が評価が高いということです。理念評価（クレド）に関しては、自己評価が31点、会社評価は43点。

100点満点で換算すると、業務の自己評価が72・8点、理念評価は70・4点なので、自己評価が合計143点。これに対して会社評価は合計179点。

このように、業務評価と理念評価をつねに数値化します。

すると、まず業務スキルが一番高い人は誰なのかを、総合的に数値で判断できます。このシステム会社のケースでは、会社評価の業務評価で一番高いのは90・9点（表記では91点・100点満点換算）のBさんであることがわかります。数値で見てみると、日頃の仕事ぶりのイメージと重なり、「やっぱりそうなんだな」と確認できる印象がありました。

理念評価が一番高い人を確認すると97・7（表記では98点）点で、AさんとCさん。理念が一番浸透している人は誰なのかもわかります。

また、例では2年分を掲載していますが、毎年同じ項目で人事評価を実施することで、去年より理念が浸透したかどうかが明らかになります。変化を確認できるから、フィードバックもしやすいのです。

数値で示すことなく「よく頑張っているよ！」と評価したところで、当人は実感を持

Dさん				Eさん				Fさん				Gさん			
自己	会社評価		平均	自己	会社評価		平均	自己	会社評価		平均	自己	会社評価		平均
	社長	副社長			社長	副社長			社長	副社長			社長	副社長	
203	194		194	157	133		133	152	115		115				
												131	115		115
36	42		42	33	36		36	33	33		33	37	35		35
88	84			68	57			66	49						
												80	70		
82	95			75	82			75	75			84	80		
169	179			143	139			141	125			164	150		

Dさん				Eさん				Fさん				Gさん			
自己	会社評価		平均	自己	会社評価		平均	自己	会社評価		平均	自己	会社評価		平均
	社長	副社長			社長	副社長			社長	副社長			社長	副社長	
169	174	165	170	142	118	102	110	105	89	87	88				
												95	89	85	87
30	33	29	31	33	32	26	29	24	26	23	25	34	33	31	32
73	73			61	47			45	38						
												58	53		
68	70			75	65			55	86			77	73		
141	144			136	113			100	94			135	126		

2021年4月評価	Aさん				Bさん				Cさん			
	自己	会社評価		平均	自己	会社評価		平均	自己	会社評価		平均
		社長	副社長			社長	副社長			社長	副社長	
システムエンジニア 232点満点	169	189		189	218	211		211	217	208		208
営業 164点満点												
営業事務 160点満点												
クレド 44点満点	31	43		43	41	42		42	40	43		43
100点換算												
システムエンジニア	73	82			94	91			94	90		
営業												
営業事務												
クレド	70	98			93	92			91	98		
合計	143	179			187	186			184	187		

2020年4月評価	Aさん				Bさん				Cさん			
	自己	会社評価		平均	自己	会社評価		平均	自己	会社評価		平均
		社長	副社長			社長	副社長			社長	副社長	
システムエンジニア 232点満点	177	188	196	192	184	191	193	192	180	186	193	190
営業 164点満点												
営業事務 160点満点												
クレド 44点満点	33	37	37	37	36	35	33	34	39	40	33	37
100点換算												
システムエンジニア	76	83			79	83			78	82		
営業												
営業事務												
クレド	75	84			82	77			89	83		
合計	151	167			161	160			166	165		

理念を組み込んだシステム会社の人事評価表の例

つことが難しいでしょう。「何をどのくらい頑張っているのか」を見える状態にして初めて評価が伝わるのです。業務評価の数値に基づいて「ここはちゃんとできているよ。なぜならこうだから」と一つひとつ、説明します。

そうすると「あ、これはできているんだな」と評価の意味が具体的になり、自信が高まっていきます。逆に、「ここは明らかにできていないから、頑張らないといけないね」というフィードバックも、具体性があればこそ発奮材料になりえます。

会社評価よりも自己評価が高い人には、評価理由を具体的に説明することによって、行動をあらためてもらいやすくなります。

理念を人事評価の尺度に取り入れることは、理念の実践をさらに後押しします。自分の給料にも関わってくると思ってもらえると、浸透しやすいからです。

従業員が経営者に求める姿勢は「見本・信頼・支援」

人事評価に関連して、私の師の一人である福島正伸先生の「見本・信頼・支援」という考え方を紹介します。

これは主に社長に伝えていることですが、社長以外のリーダーにとっても大切な考え方です。**評価者自身が部下の見本になり、見本になった上で信頼関係を築き、その上で支援の手を差し伸べることによって部下は成長する**、ということです。

見本になって信頼を築くことを端折って、「どうしたらいいと思う?」などと手を差し伸べようとしても、従業員は納得しないし、成長しないし、成果にもつながりません。「見本・信頼・支援」のそれぞれの重要度は、7：2：1ぐらいの割合で見本が圧倒的に大事です。

見本というのは、「仕事が完璧にできてなんでも知っている人」のことではありません。むしろ真反対で、どこまでいっても**まだまだ未熟だという気持ちを持ちながら完璧を目指している姿が人としての見本である**、という考え方です。

いろいろな意味で優れているからこそ社長や上司の立場にあるわけですが、だからと言って完璧な人間ではないでしょう。「オレはなんでもできる。オレについてこい」とか「なんでお前そんなん知らんねん」などと言えば、人はついてこないし成長もしない。

上に立つ者自身が「まだまだ未熟である」と認識した上で、難しい課題に対して「これはどうなんやろ?」ともがいている姿を見せ続ける。見本というのは、そういう姿勢のことを指します。そういう姿勢が部下の成長を促すのです。

今関わっている社長の方々を思い出しても、現場でもがいている人たちばかりです。苦しんでいる姿を従業員みんなが知っている。だから、ついて行きたいと思うのです。

——【理念×有事】「何をする」「どのようにする」「なぜする」の定期的な議論

ミッション、ビジョン、バリューは、浸透が進んでいくと、平時には「意識できてあたりまえ」「実践できてあたりまえ」です。

大切なのは、平時ではなく有事のときです。有事とは世界的な金融危機や大災害などの深刻な事態だけを指しません。

私の有事の定義は「**気持ちが揺らいでいるとき**」です。

クレームがあったとき、あるいはいつもより急がなければならないとき。自分一人でできない問題が降りかかったとき。平常心で仕事ができないときはすべて有事です。

そんなとき、人は勝手な自己判断をしてしまいがちです。今までの思考では対処できず、「どうやったらいいんだろう」と焦って判断しがちだからです。

有事のときにこそ力を発揮するのがバリューです。だからこそ私は、ここから説明するケーススタディを、月に1回、ないし2カ月に1回ぐらいのミーティング形式で実施することを推奨します。

ここでのケーススタディとは、その組織で生まれる可能性のある「有事の事例」について語り合い、どうクリアするかをみんなで考えるワークです。

ある税理士法人におけるケーススタディを紹介します。199ページをご覧ください。ケース1、ケース2というのは、この会社で発生することが多い「プチ有事」です。社長と従業員にプチ有事を事前に聞いておいて、私が事例をつくります。実際に起こった事例を現場のみなさんに確認した上で、ミーティングをします。

事例を読み上げ、その事例に対してWhat（何をするのか）、How（どのようにするのか）Why（なぜするのか）をそれぞれ書いてもらいます。書き終わったら3、4人1グループになって、「どんなことを書いた？」という意見交換をして、それぞれグループごとに発表してもらいます。

事例を全員で共有しながら、「それらの意見をもとに、みんなの最適解をつくっていこう」という議論に進めていきます。「最適解」なので、全員の意見が平等になるわけではなく、「やっぱりこれってこうしたほうがいいんじゃない？」という知見の高い方の意見がリードしていくことが多くなります。

狙いとしては、結局、**Ｗｈｙ（なぜするのか）をきちんと理解できたほうが納得して動ける、**ということを理解してもらうことです。とかく、Ｗｈａｔ（何をするのか）にあたる「行動」だけの話をしがちですが、方法と目的を理解した上で、「だからやるんだ」というお互いの合意が取れていると、わだかまりがなくなっていきます。

有事の事例としては、営業やクレームなどの対外的な事柄が題材として出てきがちですが、「交通費精算が遅れる」とか「挨拶をしない」など、社内の小さな問題を取り上げると、意外に本質的な話になります。

みんなの心の中にある有事を解決していくとスムーズに職場環境が整う、という過程を実感できると理念の意義を実感しやすく、説得力があるのです。

ここで大事なのは、みんなが忌憚なく話し合うことができるように、グランドルールを決めることです。誰かを攻撃するような発言があると、その場に成果は生まれません。安心・安全・ポジティブな場にするために、98ページで前述したいわゆる心理的安全性の確保を常に意識します。

事例をピックアップするときにも、個人攻撃になるような題材は避けます。実際の話

ケース 1

あなたは先日、Aさんに話していたある仕事の内容が
どうなったか、とても気になっています。
Aさんからそろそろ報告がきても良いタイミングであるはず
なのに、まだ報告はありません。

ケース 2

個人事業を3年行ってきた方が、
そろそろ従業員も増えてきて売上も上がってきたし、
法人にするのを検討しているとのこと。
ただ、法人にすることでどんな影響があるのかは
わかっていない様子。

① 皆さんはその出来事に直面したとき、
何をしますか？ (What)

② ①で答えたことを、
どのようなことを大切にしながら行いますか？
(How)

③ ①と②で答えたことを、なぜするのですか？
(Why)

ある税理士法人での有事ケーススタディの例

として、営業部員が過度な値引きをすることがあり、それをしているのは特定の一人でした。これは個人攻撃が避けられないので、全員で扱うべきではありません。

そこで、このケースでは「適切な利益率を確保するにはどうすればいいか」という問いにしました。「値引き」や「訪問回数」、あるいは「値付けそのもの」などのようにテーマを広げながら議論を深めていくことになりました。

もう一つ意識しておくべきなのが、**速やかに解決しなければならない問題は扱わないことです。**過ぎ去ったものについて題材とする、ということです。

ある、建具やシステムキッチンなどを販売する会社の事例を紹介しましょう。

この会社では、「**『何でそんなに高いの?』とお客様が言っています。予想した金額とかけ離れていたようで、相手は怒り気味です**」というテーマでケーススタディを行ないました。実際の現場でも「ホームセンターで買ったほうが安いんじゃない?」と言われたこともあるらしく、活発な議論が行なわれました。

「このお客様は、当社商品と他社商品との違いがよくわかっていらっしゃいません」などさまざまな意見が出る中で、「この状況では何をするべきか?」に話が移り、「当社の強みは何なのか?」と話が進んでいきました。

最終的には「やはりウチの強みは、バリューにもある通りアフターサービスの充実だよね」ということになり、「商品を販売するだけではなく、定期的なメンテナンスを含め複合的にサポートさせていただいているので、今後いろいろなお困りごとがあったときに一括ですべて対応いたします」と伝えようという最適解にたどり着き、以後みんなで実践することになりました。

次の例は、飲食業での話です。

「店のあるテーブルでお客さまのジョッキがすべて空になっています。そのときあなたはどうしますか？」という場面を考えました。

声をかけておかわりを勧めたいけれど、そのグループがめちゃめちゃ盛り上がっていて声をかけにくい。店とすれば早くジョッキを替えないと回転率が上がらない状況であり、店長は「早く注文取りに行けよ！」と言いたくなる場面です。

これについて大学生のアルバイトとケーススタディをしたときの最適解は、「丁重に、盛り上がりの邪魔にならずに、声のかけやすい人を見つけよう」というものでした。

ただ単にテーブルに行くのではなく、学生アルバイトに店長が「誰に声をかけたら対応してもらいやすいかと考えて、『お飲み物はいかがですか？』と言いに行くと、空気を壊さないよね」と示唆を与えたことで、話し合いが前に進みました。

有事というには小さな話だと思うかもしれませんが、テーブルではなく「誰」という人にフォーカスするというのは、話し合わなければ気づきにくいところでした。

【理念×採用】ミスマッチを解消する採用現場での理念活用

シンプルに、理念に共感する人を採用しよう、ということです。

そのためにはまず、会社のホームページなどで、この組織で働く人は何を大事にしているのかという「あり方」をしっかり明示しておく必要があります。

私のクライアントである大阪府の岡田歯科医院のホームページは、院長と奥様と私が作りました。

トップページの頭に院長の思いを表示し、スタッフ募集欄は、その理念を実践してどういう働き方をしてほしいかを言語化しています。

そして、付加的に「衛生士には一人一台の専用チェアが与えられる」ということを明記しました。これは衛生士さんからすると「自分の城が持てる」印象になり、魅力的な条件なのです。こういうことも、スタッフの方にヒアリングして載せています。

「理念で採用する」を実行するためには、理念と待遇と給料が伝わらないと、働くイメージが頭の中でつながらないため、それらを一体にして作ります。

ホームページによる訴求は一種のマーケティングであり、面接はセールスにあたると考えています。面接では、「採用面接事前アンケート」を書いてもらうことです。

205ページに、岡田歯科医院で使っているアンケートを掲載します。これは、面接の直前に書いてもらうのがポイントです。ただし、事前に回収する形は取らず、いきなり渡して5分間ぐらいで書いてもらいます。深く考えずに、そのときの思いつきで書いてもらうのです。

質問内容は「どの媒体で知ったか」「なぜ志望するのか」といった型通りのものに加えて、バリューに関わる質問を入れます。

「お客様に対して大切にしていることは何ですか？」
「ご自身を成長させるにあたって大切にしたいことは何ですか？」
「チームワークを高めていくにあたって大切にしたいことは何ですか？」

「仕事を上手に進めていくにあたって大切にしたいことは何ですか？」
「あなたは、どんな会社（組織）にしていきたいですか？」
「当院で勤務して5年後、あなたご自身はどうなっていたいですか？」

これらの質問が、会社が掲げる理念に合っているかという「あり方」の確認です。このアンケートを見ながら面接することで、ミスマッチをなくしていく狙いがあります。仕事はできるけれど理念に合っていないという人は、後から問題を起こす可能性が高いのです。ですから、理念を理解しようとしているかどうかが、まずは選考基準になります。ホームページできちんと発信するのは、その判断のためです。

理念に共感できて、かつ成果も出せる人は最高の人材ですが、仕事はできるけれど共感できない人は要注意です。「あり方」がしっかりしていて、ただ経験不足であるという人は、チャンスを与えると伸びる可能性が高いのです。

記入日　　　　年　　月　　日　　　　　　　　氏名：　　　　　　　　　様

この度は、岡田歯科医院の採用面接にお越しいただき、ありがとうございます。
この事前アンケートは、これから進めさせて頂く採用面接をスムーズに行うためのご質問となっています。ご記入できる範囲で結構ですので、ご記入くださいますと幸いです。

【ご質問】

◆当院の応募をどの媒体からお知りになられましたか？（人材サービス、通りがかり、紹介etc.）

◆当院に応募をして頂いた動機を3つ挙げるとすれば何ですか？

◆当院までの通勤時間は、どの交通機関を使用し、どれくらいかかりますか？

◆喫煙はされますか？

◆患者さまへの対応で大切にしたいことは何ですか？

◆ご自身を成長させるにあたって、大切にしたいことは何ですか？

◆チームワークを高めていくにあたって、大切にしたいことは何ですか？

◆仕事を上手に進めていくにあたって、大切にしたいことは何ですか？

◆勤務して頂くことで、岡田歯科医院をどんな医院にしていきたいですか？

◆当院で勤務して5年後、あなたご自身はどうなっていたいですか？

採用面接事前アンケートの例

理念は「自由の束縛」ではなく「エネルギー源」

個別トピックを取り上げながら、理念を成果に結びつける取り組みを見てきました。主役になるのは、いずれも「バリュー」です。自分たちが仕事を進める上で大事にしていることを反映させてバリューは作られますが、自分たちで決めたものだからこそ成果に結びつくことが、なんとなく感じていただけるのではないでしょうか。

また、【理念×営業】【理念×有事】で示したように、成果を上げるためには、理念浸透・実践の過程で話し合いを中心とする研修やケーススタディなど、学び直しを重ねる「意図した継続」が必要である、ということも強調したいところです。

本書をここまでお読みになって、「理念を浸透・実践し、成果に結びつけるためには、えらく手間がかかるんだな」と感じるかもしれません。もちろん、作って終わりではないことはその通りなのですが、本業に支障が出るほどの負担があるわけではありません。たとえば「ケーススタディ」は月に1回、ないし2カ月に1回実施するものですし、営業研修なども随時開催で、負荷が過重にならないように設計しています。

実際の運営についても、ファシリテーターである私は、その場について心理的安全性を確保するだけではなく、できるだけ参加者が楽しめるよう進行を心がけます。そうでないと談論風発の多様な意見やアイデアが飛び出すミーティングにならないからです。

実際のミーティング風景は、笑い声が起こるような雰囲気になることが多くあります。参加者の声を聞くと、会社を良くするために時間を費やすことに意義を感じてくれている人が多く、上から一方的に何かを教えられる場ではなく、一人ひとりが自分の考えを述べ、それがバリューに反映されることに手応えを感じるようです。

つまり、理念を自分事として捉えることができるようになるということです。自分が大事にしている考えや行動と会社のそれらが重なり合うことによって、「会社に尽くす」というより「会社とともに進む」という実感が持てるようになります。

理念は、外から与えられるものではなく自分たちで作る。だから、自分に合わないサイズの服を着るような窮屈感はなく、判断に迷うこともなく、安心できる拠り所になる。いろいろと手間がかかることは事実ですが、ときどきチェックすることで、今の課題にアジャストできる。理念は自由を束縛する枠ではなく、それがあるから闊達に振る舞うことができるエネルギー源だと捉えていただければと思います。

第4章まとめ　リーダーのためのアドバイス

この章では、理念の実践と、成果の実現について語りました。

社会の変化、事業環境の変化が激しい時代では、つねに現場の現実にフィットするようにバリューを変える必要があります。みんなで話し合いを続けるのは「意図した継続」のため。成果を上げるためのリーダーの振る舞いをまとめます。

理念は、必要に応じて変える

バリューは、環境の変化と人の成長に合わせて変えていくのが自然。そのためにも前章で述べた継続的な話し合いを通じたブラッシュアップが必要だ。

理念×営業「やらされ感」がないマニュアルの作り方

仕事のプロセスをみんなで話し合いながら分析してみよう。同じチームでも、各プロセスで人によって違いがある。お互いの共通項と違いを発見し、あらためて各プロセスで「大切なこと」を話し合う。

「実践すべきこと」をまとめると、そのまま「みんなで決めたマニュアル」になる。

理念×有事　勝手な自己判断を避け、つねにバリューに立ち返る

クレーム、トラブル、失敗など、有事のときこそバリューが力を発揮する。だからこそチームに起こりうる有事の事例を想定し、ケーススタディとして共有しよう。ここでも大切なのは話し合いによって共有することだ。

ケーススタディでは「交通費精算が遅れる」「挨拶をしない」など、小さくても超リアルな題材は意外に本質的な話になる。理想的な対処法を考えることで、あらためてバリューの意義が浮き彫りになる。

結局、リーダーがやるべきことは

第2章から第4章までの「まとめ」を読んでいただいてわかるように、チームが成果を上げるためのリーダーの主要な役割は、メンバーの考えを引き出すこと。つまり、つねにコミュニケーションの発火点になることが期待される。チームが成果を上げること、そして、その取り組みを通じてメンバー一人ひとりの成長を支えること。理念の有無にかかわらず、リーダーの振る舞いによってチームは良い方向に変わる。

事例3 たけだ歯科医院

理念評価で人間的成長を見える化する

「医院の建て替えを機に、キャッシュフロー経営を実現したい」。それが広島県にある「たけだ歯科医院」のテーマでした。お話を聞くうち、医院経営を意欲的に進めたい歯科医師の思いが、スタッフにうまく伝わっていないと感じました。

そこから変えようと提案して始まった理念策定・浸透・実践は、人事評価のあり方を変え、スタッフのやる気を高めながらビジョンとキャッシュフローが連動する、理想的な形になりました。

歯科医師とスタッフ間の齟齬を埋める

たけだ歯科医院の武田院長に最初にお会いした当時、医院が手狭になってきたので、引っ越しか建て替えを考えていました。「キャッシュフローを確認しながら必要なコンサルティングを進めてほしい」というのがご相談内容でした。

この医院は、武田院長と奥様である副院長の2人が歯科医師で、約10人のスタッフが働いていました。スタッフの方はみなさん前向きで勉強熱心でしたが、院長と副院長が目指すレベルは高く、スタッフの方はまだまだ伸びしろのある印象がありました。

そこで私から提案したのが理念策定でした。医院の建て替えを機に、あらためて先生方がやりたいことや思いを伝え、スタッフも含めた全員で「このために医院経営をやっているんだ」という理念を整えませんか、とお話ししました。院長は「キャッシュフローの確認をしながらやれるのであれば、ぜひやってみたい」と賛同くださり、コンサルティングがスタートしました。

策定・浸透・実践と進めると、みなさんやはり前向きでいろいろな意見が出ました。その中で「厳しく感じることがある」という意見がちらほら出てきました。そうしたスタッフの意見は表面化する機会がなく、院長や副院長がちゃんと認識できていなかったのです。

スタッフと個別面談をした結果を院長にフィードバックすると、「ああそうか、コミュニケーションをもっと取っていかないといけないんだね」とおっしゃり、そこから毎月1回、私が主催してスタッフミーティングを開くことにしました。「現場で今起こっている課題は何か」「先生方がスタッフに伝えたいことは何か」と双方から事前にヒアリングした上で、医院を前に進めるための話し合いを始めたのです。

患者さんへの提案の仕方、待ち時間を減らすための工夫など、ざっくばらんにいろいろなテーマで話し合います。これを書いている時点で3年以上続いています。

ビジョンとキャッシュフローを連動させる

この試みが、スタッフにいい影響をもたらしました。スタッフが院長に相談できるようになって、解決法を導ける。しかも院長や副院長の考えもわかった上で、自分たちが言いたいことを伝えられる。そういう場ができたことで仕事がしやすくなった、とスタッフのみなさんが口をそろえました。

同時に、院長・副院長側にも「人事評価」においてメリットがありました。本章でお伝えしたように、理念を浸透させながら「理念評価」をすることで、スタッフ一人ひとりがあり方や業務において成長できたかどうか評価するシステムを作りました。それまで「えんぴつを舐めながら」給料を決めていたのが、評価の仕組みができたことで、スタッフが成長できない理由などが見えるようになり、指導しやくなったのです。

当初の目的だったキャッシュフローに関しても、「先々の計画から逆算して今どれぐらい稼いでいたらいいか」と予算にすべて落とし込むことで、ビジョンとお金が連動しているかどうか確認できるようになり、経営の安定感が増したのです。理念浸透・実践のプロセスによって組織のキャッシュフローの改善や、売上・利益の伸長という成果に結びつくことが理想的な状態です。たけだ歯科医院は、その成功例と言えます。

たけだ歯科医院が掲げる理念には、具体的な数字が入っているのが特徴です。ミッションが「『信頼を生む確かな技術』と『3つの予防の価値共有』を通じて、関わる全ての人の人生を豊かにする」。3つの予防というのは、「むし歯の予防」「歯周病の予防」「噛み合わせの予防」。これを常にやっていく、ということです。

それによって実現することは、「5歳児でカリエスフリー（むし歯ゼロ）90％以上」「12歳児でカリエスフリー90％以上」「20歳成人でカリエスフリー90％以上、歯周病のない状態」「70歳時の平均欠損歯数を5歯以下に」。とても具体的で「そのために今何をするの？」と、全員でつねに考える風土ができました。

5歳、12歳と明示しているのは、子どもの頃からお客さんになってほしいと思っているからです。これを実現するために、「保育所を作ったらどうか」「赤ちゃん歯科をつくろうか」などというアイデアも出ています。つまり、事業がすべてビジョンに連動しているということです。

また、ビジョンと照らし合わせながら、キャッシュフローと連動させています。例えば、仮に分院をつくる計画をした場合、新たにドクターを雇う必要があるし、歯科衛生士も3人は必要になる。そうすると、人件費としてキャッシュがこのぐらい必要になる。それを貯めるためには、これからどれぐらいの患者数まで増やす必要があるか、というように、3年以上の計画を立てています。

「理念×お金」「理念×人事評価」で成果を上げているのは、経営の将来像に強い理想を持ちながらも、柔軟に時代に合わせていこうという院長と副院長の姿勢があるからこそだと思います。

Vision
たけだ歯科医院に関わる人の
お口の健康状態を日本一にする
5歳児でカリエスフリー（むし歯ゼロ）
90%以上を実現する
12歳児でカリエスフリー
90%以上を実現する
20歳成人でカリエスフリー
90%以上、歯周病のない状態を実現する
新たなう蝕（むし歯）・
歯周病の発症をコントロールし、
70歳時の平均欠損歯数を5歯以下にする
歯科・予防歯科・子どもの矯正
たけだ歯科医院
takeda
dental
clinic
http://www.takeda-d.com/

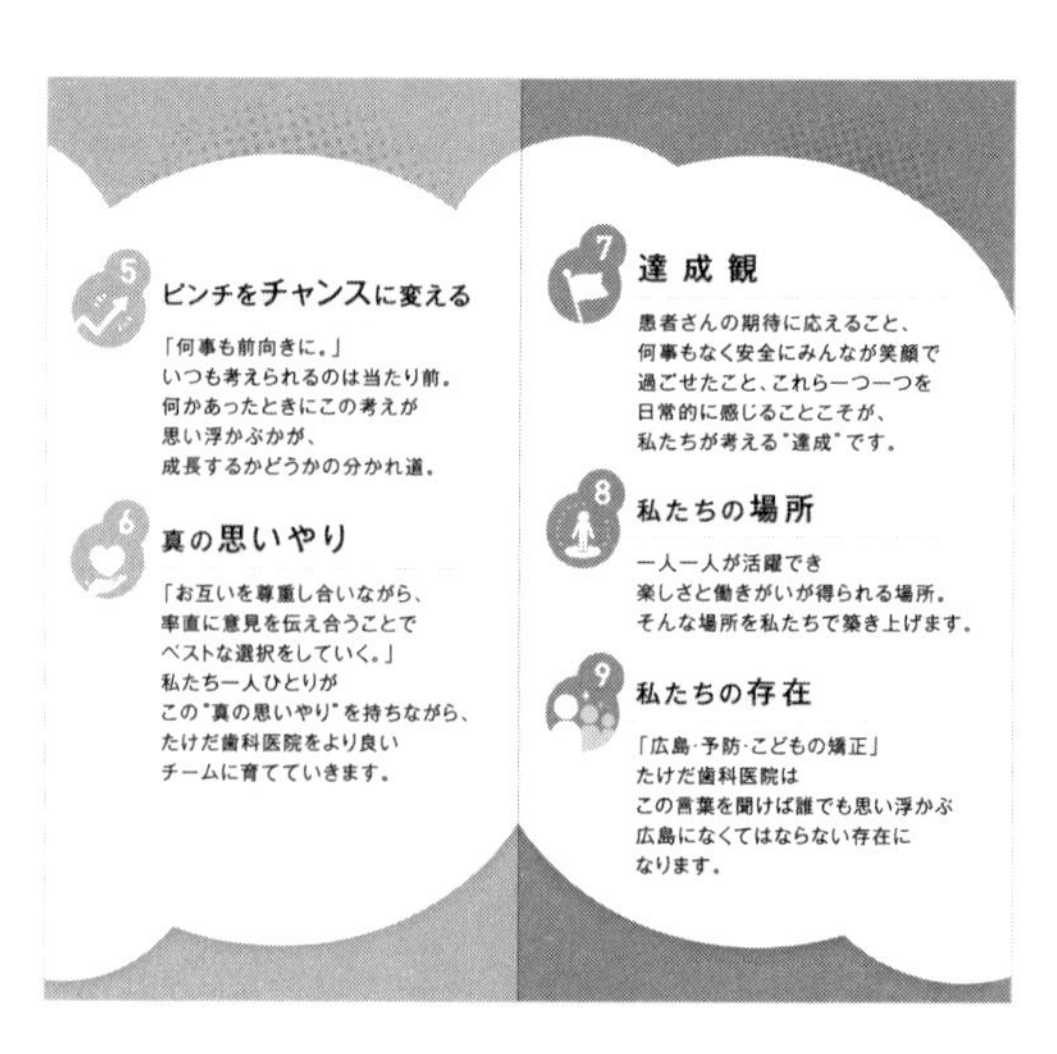
5
ピンチをチャンスに変える
「何事も前向きに。」
いつも考えられるのは当たり前。
何かあったときにこの考えが
思い浮かぶかが、
成長するかどうかの分かれ道。
6
真の思いやり
「お互いを尊重し合いながら、
率直に意見を伝え合うことで
ベストな選択をしていく。」
私たち一人ひとりが
この"真の思いやり"を持ちながら、
たけだ歯科医院をより良い
チームに育てていきます。
7
達成観
患者さんの期待に応えること、
何事もなく安全にみんなが笑顔で
過ごせたこと、これら一つ一つを
日常的に感じることこそが、
私たちが考える"達成"です。
8
私たちの場所
一人一人が活躍でき
楽しさと働きがいが得られる場所。
そんな場所を私たちで築き上げます。
9
私たちの存在
「広島・予防・こどもの矯正」
たけだ歯科医院は
この言葉を聞けば誰でも思い浮かぶ
広島になくてはならない存在に
なります。

たけだ歯科医院のクレドカード

第5章

学生が作った理念

―理念の「教育的効果」について―

理念実現コンサルティングは、この数年で教育現場にも取り入れられるようになりました。ここでは、公立高校と私立大学の事例を紹介します。いずれも生徒・学生に理念の策定や浸透を教えるものです。学校側は、なぜ生徒・学生に理念を学んでもらおうと考えたのか、学生はそれをどのように理解したか。最終章では理念の「教育的な効果・効用」を伝えます。

事例4　茨城県立水戸農業高校

理念策定を通して生徒の「自分肯定感」が高まった

茨城県の県立水戸農業高校は、1895年に開校した伝統ある高校です。農業科、畜産科、食品化学科など8学科からなり、生徒数が800人を超えるマンモス校でもあります。

生徒指導主事を務める宮本智史先生とは、2019年に私が講師を務めるセミナーにお越しくださった際に出会いました。「教師は井の中の蛙なので、外部の人から学んでいかないと生徒の人間力を高めることはできない」と語る宮本先生は、学校外での学びに積極的な方でした。

セミナーの後2人で話をしていると、宮本先生は「教師がイケてないんです」と言われました。勉強を教えてはいるけれど、本当の意味で生徒たちを育てられているのだろうかと疑問を持ち、「うちも理念をつくってみたい」ということでした。

その直前、私は母校である市立尼崎高校の男子バスケットボール部でクレドをつくっていました。理念実現コンサルティングに興味を持ってくださったのは部の監督で、私が現役のときも教わった先生でした。

監督は、兵庫県にはバスケットボールの強豪校が多く、勝ち抜くためにクレドをつくってチームの一体感を出したいと考えたようです。そんな話をしたところ、宮本先生の問題意識にも合致したようでした。

理念策定の作業を通して、生徒たちに自分の大事にする価値観を語り合ってほしい。その対話が考える力を高めることにつながるのではないか。そう思いついたそうです。

教員が作った「水農あいことば」

私は宮本先生に対して、「まず教師のみなさんがクレド作りをマスターしてください」と提案しました。私が生徒たちに「作り方」をレクチャーしても、私がいなくなった途端に続かなくなると思ったからです。

つまり、水戸農業と取り組んだのは大きく2つ。教師のみなさんに理念の重要性を知ってもらうこと。そして、生徒たちに理念作りを体験してもらうことです。

まず、有志の先生方に集まっていただき、ひと通りのレクチャーをした後、具体的なアウトプットとして「水戸農業高校の学校としての理念」を作る過程に入りました。

宮本先生は、こう振り返ります。

「元々は学校のキャッチコピーをつくろうと考えていました。生岡さんに教わったことを活かし、まず有志でミーティングを実施し、『理想の水農って一体何だろう』というテーマで話し合いました。アイデアを出した後、生岡さんに来ていただき、助言をもらいながら策定を進めました」

この取り組みは、最初は学校から全面的に賛同されたわけではありません。宮本先生は周到にものごとを進める方で、有志で勝手に学校の言葉をつくるのではなく、「実はこういうことをやっています」と情報共有した上で、意見を求めるアンケートを教職員に配り、最終的には25人の協力者を得ました。

できあがった理念は、次の3つの言葉です。

- 君の居場所が必ず見つかる8学科
- 声をかけ合う1000人
- 広い畑と心がある

この理念を「水農あいことば」として、学校のパンフレットに載せたり、自転車通学者のステッカーにも入れるなどして活用しながら浸透が始まっています。

コロナ禍における理念の役割

先生方の間に理念に対する理解が進んだところで、いよいよ生徒たちによる理念作りに向かいました。

ところが、ここでコロナ禍が訪れます。オンラインでの打ち合わせを進めながらなんとか2020年4月には「水農あいことば」が完成しましたが、私が茨城に行けない状態になり、その後のスケジュールが後ろ倒しになりました。

結局、水農あいことばの全校へのお披露目は2020年10月にずれ込みました。しかし、結果的に、これがいい方向へ作用しました。

この間、学校で生徒がサンキューカードを作る、という試みを実施しました。サンキューカードとは、学校生活の中で感じた「感謝」を一万円札サイズのカードに書いて感謝したい相手に送り合うものです。登校できず友達とも会えない状況下で、この機会に感謝を伝えるメッセージを送り合おう、ということになったのです。

それを通して、それまで起こらなかったコミュニケーションが生まれました。日頃あまり話をしない生徒から先生がカードをもらって関係性がよくなった、というようなことがそこかしこで起きたのです。

水農あいことばの一つに「声をかけ合う1000人」がありますが、この理念に、「コロナ禍であっても声をかけ合える1000人でいよう」という意味が乗ったのです。会えなくてもサンキューカードを渡すことはできる。これも想いを伝える理念の実践なのだということを、先生方に理解していただくことになりました。

そこからどんどん理解が深まり、水農あいことばが生徒の間に伝わり、さらにサンキューカードの作成もあって、理念策定への地ならしができていきました。

この頃、授業の中で、私が生徒たちに理念について話す機会も設けてもらいました。伝

理念を印字した自転車のステッカー

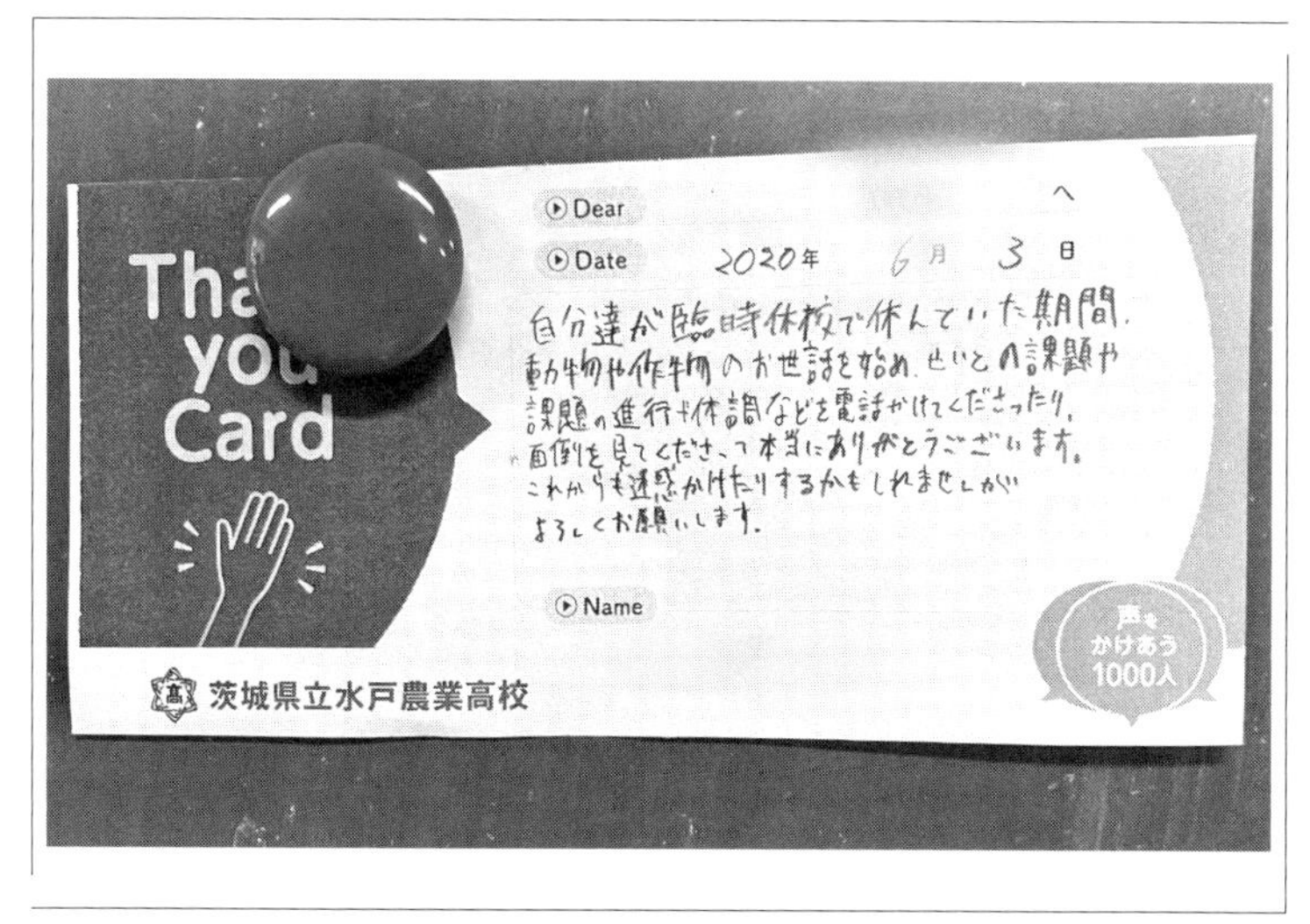

生徒が書いたサンキューカード

えることは、基本的に前章まで述べてきた企業対象の理念実現コンサルティングとほとんど同じです。

「クレドとは、あなたが大切にしたい『想い』や『行動』を文章にしたものです。日々の生活においてこれから自分自身が成長するために『どのように考え、どのように行動すべきか』を具体的に言葉にしたものです」

さらに、「なぜクレドが必要なのか?」という説明をします。「今までの常識が常識ではなく、正解がない時代だと言われる。ということは、誰かに頼るばかりでは前に進めない。自分が正解をつくることが必要だ。そのためにも、自分が大切にしていることを言葉にして、自分の言葉、行動、生き方をちょっとでもいいから考えてみよう。それが実は今回のポリシーづくりである」といったものです。

なお、生徒同士や周囲への伝わりやすさの観点から、水戸農業高校では「クレド」を「マイポリシー」と表現しています。

突然現れた見ず知らずのおじさんである私の言葉が生徒たちにどこまで伝わったか、本当のところはわかりませんが、まったく響かなかったわけではありませんでした。

その後に実施したチームポリシーづくりの過程で、生徒たちは驚くほどの熱量で作業に取り組み、対話を重ねながら素晴らしい言葉を生み出し、実践したのです。その過程を少し紹介します。

高校生が作る理念と効果

チームポリシーづくりは、2020年10月から硬式野球部、陸上部、馬術部、成達会（生徒会）で始まりました。オンラインでのやりとりで1日2時間、各部のキャプテンや顧問の先生方にアシストをお願いしながら、私がすべてファシリテートと取りまとめを行って完成させました。その後、2022年1月には女子バスケットボール部、女子バレー部、なぎなた部が新たに作成。このときは、私が全体に向けてポリシーの意義などを説明し、そこからは私が主催している一般社団法人リネジツのメンバーが、各部に1人ずつ付いてバリュー案の取りまとめをサポートしました。

後者は、学校の許可を得て「チームポリシー実践発表会」と題したイベントに仕立てました。言葉を作るだけではなく、それを日常の活動にどのように生かし、どんな成果を上げたのか。そこまでを審査対象とし、部活ごとにプレゼンをしてもらいます。

2022年5月に体育館で実践発表会を実施しました。会はオンラインで各地にいるリネジツメンバーにも見てもらい、審査をお願いする形をとりました。

各チームとも工夫を凝らしたプレゼンを行いました。共通していたのは、みんなでつくった理念の言葉を確実に日々の活動の指針としていたことです。あるリネジツのメンバーは、次のような感想を述べています。

「初めの頃は、なんだか頼りない感じだなと見ていましたが、みんなで話し合いながらだんだんと熱が入り、発表では当初から見違えるほど堂々と考えと行動を話し、本当に成長したと感激しました」

私もまったく同感で、高校生の伸びる力をまざまざと感じました。誰もが「自分で考える習慣」が身についている。そして、自分たちで作ったポリシーであるだけに、言葉に責任を感じている。「全然できてないじゃん」とか「もっとちゃんと頑張ろうよ」などと言い合いながら、目的意識を持ち一体感を作れている。

何かを「教わる」だけではなく、理念と向き合って考えることを通して、情報の受け取り方や、受け取った後の発信の仕方、定着のさせ方が変わっていく。これは「学ぶ力」であり、理念の「教育的な効果」です。

高校生たちと接しながらもう一つ感じたのは、人はこれほど素直にメッセージを受け取って前に進むのだということです。大人はしばしば理屈をこね、効率性を求めますが、

「チームポリシー実践発表会」の様子

高校生たちは素直に受け止め、すごく頑張る。本気になって悔しがり、喜んで、グイグイ前進していく。「私は何をしているんだろう」と思わされました。

先生方は、人の内面を動かすメンタリティについて熟知しているわけではありませんし、そのような余裕も持てないほどに多忙です。企業で経験を重ねてきた人間が入ることによって、生徒たちも触発される面があるのだと思います。

宮本先生とは今、学科ごとのポリシーをつくるという新たな取り組みを進めています。教職員と生徒で進めていますが、20年からの取り組みを通じて、理念の意味や意義が理解されてきたことによって、フェーズが変わっています。

インタビュー

宮本智史先生に聞く

「どうせ水農だから」とは、もう言わせない。

Q 理念を作る、教える、ということにご苦労も多かったのではないでしょうか?

当初は、2割ぐらいの先生にしか関心を持ってもらえませんでした。また、生岡さんから「理念は作って終わりではないから、浸透させるためのツールを事前に考えたほうがいい」と言われていたので、のぼり旗やポスターをつくって掲げながら、先生方や生徒、保護者の方の目に留まるようにしていきました。

Q 理念を学ぶことで、生徒は変わりましたか？

多くの生徒の自己肯定感、自己効力感が高まったと感じます。かつての水戸農業は生徒も教師も「水農だからね」が口グセでした。つまり、「水農だからできない」「水農だから、この程度だ」というマイナス思考が強くあったのです。

「授業中に携帯は使わない」という当たり前のことですら、「先生、そんなこと言っても水農なんだから誰も守らないよ」というレベルでした。

遅刻をしない、ピアスはつけないなどのルールが守れない。なぜなら、「水農だから」。地域住民の見方も同じでした。かつては学校外での生徒の素行について、クレームの電話が入ることもよくあったのです。

Q 水農に対する内外の評価は変わりましたか？

先生方の「水農あいことば」への評価は、学校のパンフレットなどに載せることによって、「うちの学校はどういう学校なのか説明しやすくなった」と言われています。

生徒にも「声をかけ合う１０００人」の浸透が進み、以前よりも自然に挨拶ができるようになりました。先日、近くに住む年配の方から電話があって、「水農生がすごく挨拶してくれる。褒めてあげてください」と言われました。

Q ところで宮本先生は、なぜ「水農だから」と言わなかったんですか?

私は、諦めることが嫌いなんです。今から10年ぐらい前に担任になったときに、自分が所属していた学科は生徒指導がしっかりしていたのに、残りの7学科はバラバラだったんです。卒業式のときに「自分のクラスは変わったけど、他もなんとか変えてみるよ」と伝えたら、ある卒業生に「先生、水農だから絶対にできないよ」と言われたんです。

そのことが頭にずっと残っていて、変えなければいけないと思っていました。10年かかりましたが、ちょっとずつ前進しています。

事例5

城西国際大学観光学部

毎年、マイクレドの授業が満員御礼になる理由

私は2020年7月から、城西国際大学の観光学部で「マイクレドをつくる」という授業を実施しています。リネジツのメンバーの一人であり、水戸農業高校を私と共にサポートしている城臺（じょうだい）あやさんが非常勤講師を務めており、「高校生だけでなく大学生にも学ばせたい」という狙いでスタートしました。

この学部の学生さんの特徴として、少し消極的で発言が控えめだったり、就職活動でも自信が持てず人気企業にチャレンジしない傾向があったそうです。

それまでの授業では、企業経営者などをゲスト講師に招いて話をしてもらうことがあり、話の内容も面白く学生にも喜ばれていたのですが、一方で「自分とのギャップの大

きさにショックを受けた」という声も多かったようです。

そこで、等身大の自分たちが自己肯定感を高め、これからどうしていけばいいか、その地図を見せてくれるような人を探し、キャリア形成の授業にゲスト講師として招かれました。

90分の全力質疑応答

就職に成功するためという以前に、自信を持ってもらうこと、自分の考えを明確にして発信できることが求められていました。理念を学び、自分なりのクレドを作ることは、その目的に資するものです。

これまで1年に1回授業を実施し、内容は理念についてレクチャーし、個人作業として自分のクレドを作るというシンプルな内容です。

ふたを開けてみると、消極的どころか多くの学生が前のめりで私の話を聞き、出席率も高い。質問も多く飛び交う熱い場になりました。観光学部ですから、たとえばリッツ・カールトンのクレドについて知っていたり、ホスピタリティの大事さに感度が高い学生が多かったこともその要因でした。

理念を説明するレクチャーで話すことは水戸農業高校と同じですが、キャリア形成の一環として、私自身が会社経営を通じて経験したことや失敗経験など、現実的な話をするようにしています。

2021年度の授業では、3コマの授業のうちの最後の1コマをキャリアや生き方や未来に関するみんなの質問になんでも答える時間としました。

質問が出てくるのかと不安がありましたが、杞憂でした。1コマ目で授業を終えた学生がわざわざ戻ってきてくれたり、さっきの授業ではあまり集中していないように見えた学生がここぞとばかりに質問してきて、学生の皆さんが本気で臨んでくれたのです。そんな姿勢を見せられれば、私も黙ってはいられません。

「本当にクレドをやって成功できるんですか？」

「年収○○円稼ぐためには何をしたらいいですか？」

「将来、会社を経営したいのですが今何をしておくべきですか？」

質問は多岐にわたりましたが、すべての質問に対して、遠慮せず、ときには厳しさも込めて今私がベストだと思う答えを学生の皆さんに本気で返しました。90分間途切れることなく続いたやりとりは、全員で気づきを共有し合うグループ・コンサルティングのようでした。出席した教職員の方々には「学生たちがあそこまでキラキラしている姿を見られて感動しました」とおっしゃっていただきました。

なぜそんなことをやったかと言うと、経営者としてのリアルを伝えたかったからです。教員のみなさんから、「クライアントへのコンサルティングはどうしているのか、リアルな話が聞きたい」「会社経営をしていてどんな気持ちなのか聞きたい」「それらは、私たちには話せないんです」と言われていました。実体験に基づく話が聞きたい、というのが学生のニーズだったのだと思います。

- 関東と関西など、地域によって企業文化の違いはありますか？
- 自分の長所が見えません。どうすればよいでしょうか？
- 自分が選択した仕事や会社が本当に正しい選択なのか、不安になる時の対処法は？
- 何を基準に企業を選んだら良いか。趣味から選ぶのか興味があるから選ぶのか？
- 仕事をしていて、1番やりがいを感じるときはいつですか？
- 学生時代にやっておいた方がいいことを教えてください
- 生岡さんが就活する際に大事にした自分軸について
- 結果を気にして引きずってしまいがちです。失敗した時の立ち直り方をお聞きしたい
- 自分に合った仕事の見つけ方を教えてください
- 長所と短所の見分け方について
- クレドはどのくらいの頻度で変えていますか？　変える時のきっかけはありますか？
- 就活のモチベーションの保ち方について教えていただきたいです
- どうして今のお仕事を選ばれたのですか？
- 仕事は楽しいですか？　仕事を楽しくするコツは何ですか？
- 自分のことを上手に相手に伝えるコツは？
- 視野の広げ方は？
- 自分を他人に紹介するのが苦手です。簡単に紹介が出来る方法を教えて頂きたいです
- 仕事をする意味とは？
- モチベーションのあげ方、保ち方、切り替え方は？
- 今後の学生生活や就活に向けてとりあえず今すぐやるべきことは何だと考えますか？
- 日本で就職を希望する外国人に対して何かアドバイスがほしいです

学生から寄せられた質問例

インタビュー　城臺あや・非常勤講師に聞く

「会社のクレドが私の考えと合っているからこの会社に決めました」

Q 大学生が理念を学ぶ意義は、どこにあると思われますか？

キャリアデザインの授業の中でマイクレド作りを取り入れたのですが、これからどうやって働くか、どのように生きるかを考える切り口としてたいへん有効だと思っています。学生の漠然とした自分の軸を言語化することで価値観を明確にし、自己理解と他者理解を深め、自己ＰＲや会社選びに役立つ観点を身につけてほしいと考えています。

ただし、キャリアの授業＝就職対策の授業ではありません。プロセスが大事なのであって、就職という結果にフォーカスしすぎるのはよくない。そこを変えたいと模索していたときに、水戸農業高校で生岡さんのお手伝いをして、等身大の自分で、自分の中にあるものをしっかり把握した上で、足りないものを埋めていくことが必要だと痛感しました。理念について理解し、実践することがプラスになると考えたのです。

Q 学生の反応はどうでしょうか？

コロナ禍で学生が「内定切り」に遭うなど厳しい現実を目の当たりにして、「正解は自分で作る時代」という話には非常にリアリティを感じていて、オンライン授業でも多くの学生がディスプレイの中で大きく頷いていました。

留学生も多いのですが、彼らの反応も良かった。「先生、理念は大事です」と中国人学生に言われたりしました。オンライン授業になって欠席者が増えるのではないかと思っていたのですが、生岡さんの授業は毎回出席率100％。教えられたことを覚えるのではなく、「自分で考えることが楽しい」と感じるようです。評判がいいので、オブザーブしたいという教職員もたくさんいます。

Q マイクレドを作ることは、学生にどんな変化を生んでいますか？

学生が、就職活動に際して志望企業のクレドをすごく見るようになりました。これまでは「この会社に内定するためにこういう発言をしちゃいけない」というような「自分を会社に合わせる発想」があったと思います。でも、理念の授業を始めてから、まず自分が大事にしていることは何かを明確にしてから企業と触れ合っていくように変わりました。

最近は、事前にクレドを読んで、本当にその会社がクレドに合った活動をしているのかを確かめる学生が増えました。「私の考えとクレドが合っているからこの会社に決めました」という学生もいて、納得感の高い就職ができるようになったと思います。

情報に流されることがなくなり、たくましくなっています。「生きる力をもらった」と感じています。

*　　　*　　　*

大学生は、1年生であっても就職に対する問題意識を持っています。多くの学生が「このままじゃダメだ」という意識があるので、積極的に質問をぶつけてきます。

それに比べてしまうと、やはり高校生は受け身な印象があります。もちろん、積極的な生徒もいますし、こちらからの問いかけによって前向きになっていくのですが、そこが大きく違います。

この差の原因は「自由度の大きさ」ではないかと私は感じています。高校生は「○○はしてはいけない」「○○しなければならない」といった校則や学校生活上のルールが数多くあり、「学校の外の世界に正解がある」という考え方が生まれるように思います。大人や先生と接しながら「正解探し」するような感覚です。

大学生になれば、授業に出なくても怒られはしないし、ヘアスタイルや服装も自由になる。一時的に解放的になっても、いずれ多くの学生は「いやいや、このままじゃダメだ」と危機感を覚える。これは、自分自身の経験を振り返ってもそう思います。

だからこそ私は、多くの高校生に、外に正解を探しているタイミングで理念を考える機会を作りたいのです。「結局は、正解は自分で作っていくしかない」という感覚を高校のときに味わっておいて、大学であらためて実体験として学ぶ。

誰しも人生の中で、「ここで伸びた」という節目がいくつかあるものです。若いうちに考え方や行動がガラッと変わるような機会があると、チャンスが増えます。

大人になると、どうしても自分を変えることが億劫になります。自分にとって大事なものは何か、自分にとっての正解は何かを考える理念は、そのきっかけにふさわしいのではないでしょうか。

第5章まとめ リーダーのためのアドバイス

この章では、教育現場での事例を紹介しました。理念作りは、若い人にこそ効果や影響をもたらすものです。ポイントをまとめます。

高校生に与えた影響は

最初は頼りなかった高校生が、話し合いを重ねながら、自分の考えをしっかり言うようになった。「何かを教わる」だけでなく、理念と向き合って考えることを通して、発信の仕方が変わってくる。「正解を自分でつくる力」が身についた結果だろう。その結果、多くの生徒の「自己肯定感」「自己効力感」が高まった。それは理念の教育的効果の一つだ。

大学生に与えた影響は

理念について学び、自分なりのクレドをつくることを通して、自分の考えを明確にし、発信できるようになる。

その結果、就職活動に際して志望企業の理念を意識して見るようになった。そして自分の理念と志望企業の理念をすり合わせながら、「自分を会社に合わせる」のではなく、自分が大事にしていることを明確にし、企業との相性や接点を探すようになった。

第5章と本書全体とのつながり

特に高校生の事例で印象的だったのは、理念をめぐって話し合いを重ねると、自分の組織（学校、クラス、部活など）に対して当事者意識を持つようになることだ。

大学生も、これから自分が勤めようとする企業を積極的に知ろうとし、その組織の中に自分がいることを投影しながら、自分の理念に合っているかを考える。根っこの部分で、両者はつながっているようだ。

このことは、そっくりそのまま組織で働く大人にも当てはまる。企業は、長い間「上意下達」で成果を上げ、成長を続けてきた。しかし、言うまでもなく、もはやその原理は成り立たない。誰かが正解を教えてくれることは期待できない。

見方を変えれば、正解を示すチャンスが誰にでもある、ということだ。そのとき大切なことは、心理的安全性が確保された環境下で、みんなが自由に考えを述べること。理念、すなわち組織やチームで共有するべき価値観を話し合いによって作り、浸透させ、実践する過程によって、みんなで正解を取りに行く、という姿勢を定着させる。

第5章の学生の行動変容から、わたしたち大人が理念の効果や可能性について感じ取れることは大きいと思う。

おわりに

最後までお読みいただき、ありがとうございました。

本書は、私の1冊目の著作です。

税理士法人を離れ、経営コンサルタントとして独立して7年半、本書に書いたノウハウの実践を通して、様々な企業の皆さまとお会いしてきました。

ありがたいことに、これまで一度も自分から営業することなく、既存のお客様からのご紹介で成り立っています。今も新たにコンサルティングをご依頼いただく機会は数多くあるのですが、初回の面談でひと通り説明をさせていただいた後に、頻繁にいただくご質問があります。

「ウチでも成果出ますかね？」

この質問が出るのは、もっともだと思います。

従業員全員で、ここまで書いてきたような時間と手間をかけて理念を策定したことがある方はそういらっしゃらないですし、その理念をどのように浸透させていくのかなんて、説明を聞いて頭では理解しても、鮮明にはイメージしにくいかもしれません。

ましてや、社長やリーダーが従業員とのコミュニケーションのズレを感じている場合は、本当に意義や効果があるのかと、さらに不安が募ると思います。

私は社長からこの質問をいただくと、必ずこうお返しします。

「社長ご自身は、変化する覚悟はおありですか？」

理念実現コンサルティングの成果が出るか否かを分ける大きなポイントは、プロジェクト全体を牽引する社長やリーダーの方々が「従業員を変化させよう」と思っているか否か、です。

「相手を変えよう」という意識で理念策定や理念浸透に取り組むと、どうしても「やらせよう」という意識が態度に表れます。そして「やらされる」側の従業員は、そういう意識を、あなたが思っている以上に敏感に感じ取ります。

当初の意識の差が結果に現れ、組織の変化が起こらないのです。

必要なのは、あなた自身の「まず自分に理念を浸透させよう。まずは自分が変化しよう」という意識と姿勢です。

もしあなたの能力がとても高く、一見「別に変化する必要なんてないだろう」と思われるような素晴らしいリーダーであったとしても、必ずこの意識は必要です。

なぜなら従業員は、あなたが「今現在素晴らしい能力を持っているかどうか」ではなく、「これから変化しようとする姿勢」を見て感化され、「私たちも変化しよう」と思うきっかけになるからです。

そのために有効な単純な方法として、一つやってみていただきたいことがあります。従業員に何かを告げるときに、「私は」というのではなく、従業員と一体となった一人称である「私たち」を主語にして発信することです。

「あなた方はこうせよ」とか「私はこうしてほしい」と言うのではなく、「私たちはこうしていこう」と表現した上で、まずはリーダー自身が率先してそれをやる。その実践する姿勢を従業員が見て、全員で取り組んでいく。その循環を作ることで、理念に言語化された想いも行動も正確に伝わり、結果的に組織全員の成果に直結する動きが生まれるのです。

本書は、理念の言語化や浸透の「ノウハウ」の話を多数紹介しましたが、原点は「組織の変化は、まず自分の変化から始まる」ということです。

ぜひそれを心に留めながら、本書を多くの社長およびビジネスリーダーにご活用いただき、皆さまの成果に少しでも貢献できますことを、心より祈念しております。

かくいう私も、コンサルティング業以外に、フランチャイズ事業による新たな雇用・店舗展開をスタートしたほか、プロバスケットボールクラブである香川ファイブアローズにおいて、この度、代表取締役に就きました。

これまで以上に自分自身を変化させる意識を強く持ちながら、本書のノウハウを体現していく所存です。

本書の出版のきっかけを作ってくださった、城臺あやさま。
丁寧なヒアリングを通じて私の想いや事例を表現してくださった、間杉俊彦さま。
度重なる濃密なやり取りの中で編集・校正をしてくださった、今野良介さま。
そして、事例掲載を快諾してくださった方々を含む、クライアントの皆さま。
一般社団法人リネジツのメンバーの皆さま。
当社の従業員をはじめとする、私が関わらせていただいているすべての皆さま。
本書を出版するにあたり多大なご支援をいただき、本当にありがとうございました。

2023年5月　生岡直人

最後に、私が経営する会社
「パートナリング株式会社」の
経営理念を掲載します。

Mission

目的・使命

夢が目標に変わる瞬間とその実現に関わる

Vision

目標・運命

“本当にしたいことは必ず実現する”
という価値観を
3,000万人に伝え、
常識にする

Value

価値観

① 毎日必ず成長する

毎日成長していく私たちの姿勢こそが、お客様のより大きな成長のきっかけを生みます。

② 思考と感情を深くイメージする

お客様の声・言葉・表情・姿勢に心を傾け、思考と感情を深くイメージすることで、お客様の“本当にしたいこと”の実現に関わります。

③ 前を向くための原動力

私たちは、あらゆる出来事に必ず潜むプラスの側面を見出し、お客様と共有することで、前を向くための原動力を生み続けます。

④ 追い込まれたい

心が追い込まれるチャンスが来たときは、真正面から受け止め、必ず飛躍するきっかけにします。

⑤ メンタルが鬼

私の心は、断じて屈さず、断じて折れない。それをただひたすらに体現するのみ。

⑥ あきらめない気持ち

“できる”の反対語は“できない”ではなく“したことがない”。“できる”に変える唯一の言動力は、“あきらめない”。

⑦ いつも目的を言語化する

「何のために？」「誰のために？」を深く追究し続けながら明確な言葉にすることで、クオリティを際限なく高め続けます。

⑧ キャッシュフローを念頭に置く

人々の言葉や行動が生む価値をキャッシュフローに置き換えながら考えることで、関わる人たちと永続的な豊かさを育みます。

⑨ “常識”を卒業する

“常識”を超え“未常識”を創る発想を磨き、実践します。

⑩ 愛を以て叱咤激励

愛のない叱咤激励は何も生みません。愛を以て接することが人を育みます。

⑪ まず私から応援する

成長と成功は「まず私から応援する」がスタート。気づけた人から、さぁ実践しよう。

⑫ 常に未熟

「磨けば磨くほど、己の未熟さに気づきます。」そう胸を張って言えるよう、一流を追求し続けます。

⑬ 遺すことにこだわる

継承すべき“知”“理念”を、言葉にし、明瞭にし、浸透させ、遺します。

［著者］
生岡直人（いくおか・なおと）
1983年大阪生まれ。関西大学社会学部社会学科卒。パートナリング株式会社代表取締役。税理士。一般社団法人リネジツ代表理事。株式会社ファイブアローズ代表取締役。
上場企業に就職するも半年で退社し、インターネット回線の代理店として起業。会計と人材マネジメントの知識が乏しく事業拡大に失敗し２年半で断念。25歳、アルバイトをしながら簿記３級から勉強を始め、27歳で税理士法人に就職。29歳、管理職として働きながら、税務・財務を中心にした経営支援だけでなく企業の成果に直結するサポートをしたいと感じ、成果につながる行動の源泉となる理念の策定・浸透のコンサルティングに取り組み始める。32歳、独立しパートナリング株式会社を設立。理念浸透を主とした組織育成を行い、設立以来黒字経営を続ける。34歳、自らの理念実現コンサルティングのノウハウを伝える講座を開講。36歳、その受講生を中心とした組織「一般社団法人リネジツ」を立ち上げ、理念の浸透・実現に関する研究を行う。2020年から大学・公立高校で教職員と学生に向けた理念教育を進める。
「コンサルタントが不要な組織をつくる」をモットーに、自走する仕組みを作り終えては新規顧客を受け入れ、常に十数社のコンサルティングを行う。本書が初の著書。

こうやって、言葉が組織を変えていく。
――全員自分から動き出す「すごい理念」の作り方

2023年５月30日　第１刷発行

著　者――生岡直人
発行所――ダイヤモンド社
〒150-8409　東京都渋谷区神宮前6-12-17
https://www.diamond.co.jp/
電話／03･5778･7233（編集）　03･5778･7240（販売）
装丁・本文デザイン――山田知子（chichols）
編集協力――間杉俊彦
本文DTP――阪口雅巳（エヴリ・シンク）
校正――加藤義廣（小柳商店）
製作進行――ダイヤモンド・グラフィック社
印刷――新藤慶昌堂
製本――加藤製本
編集担当――今野良介

ISBN 978-4-478-11648-7